나는 왜
아무것도
하기 싫을까

나는 왜
아무것도
하기 싫을까

나도 모르게 방전된
몸과 마음을 회복하는
뇌과학 처방전

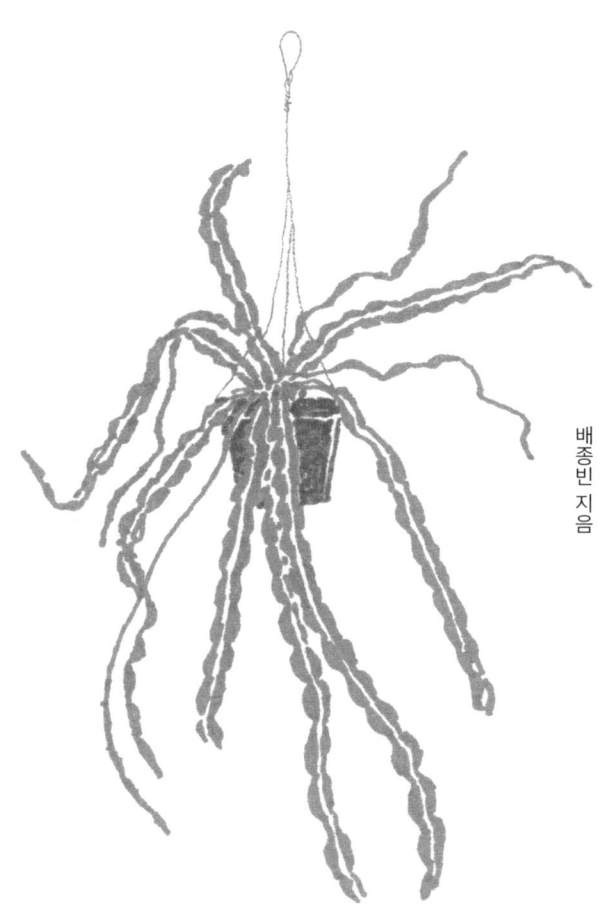

배종빈 지음

포레스트북스

Prolog

평범하고 익숙한 일들이
문득 버거워졌다면

　어느 날 문득 나는 아무것도 하기가 싫어졌다. 해야 할 일들이 잔뜩 쌓여 있었지만 손에 잡히지 않았다. 환자 진료, 논문 원고 작성, 강의 준비와 같은 익숙한 일들이 어느 순간부터 버거워졌다. 어쩔 수 없이 해야 하는 일이기에 마지못해서 하지만, 마음은 벼랑 끝에 서 있는 것처럼 불안정했다. 절벽에 매달린 사람처럼 손에 힘을 놓으면 낭떠러지로 떨어질 것만 같았다. 조금이라도 미룰 수 있는 일들은 나중으로 미뤘다. 하지만 미뤘던 일들은 더 급한 일이 되어서 나를 찾아왔다.

　소셜 미디어 속 성공한 사람들, 부지런히 살아가는 사람들의 모습을 볼 때면 무기력한 자신이 초라하게 느껴졌다. 피할 수 없는 열등감이 가슴 한편을 쓰리게 하였고, 게으름과 나태가 삶을 구렁텅이로 끌고 가지는 않을까 하는 두려움이 엄습했다.

무기력과 무기력에서 비롯된 열등감, 불안을 피해 도망간 곳은 중독의 세계였다. 게임을 하거나, 웹소설, 웹툰, 유튜브 영상을 보고 있을 때, 그나마 무언가를 하는 느낌이 들어 많은 시간을 중독에 빠져 허비했다. 그러고 있다 보면 잠시 기운이 나는 듯했지만, 일상으로 돌아오면 더 큰 무기력이 나를 짓눌렀다.

당시에는 무기력을 이겨내는 방법을 몰랐다. 무기력에 도움이 된다는 여러 방법을 시도해봤지만 큰 도움이 되지 않는 경우가 많았고, 다양한 시행착오를 겪어야만 하였다. 많은 시간과 에너지를 헛되이 낭비하였다. 오랜 시간이 지나 나에게 도움이 되는 방법을 찾아 실행에 옮기면서 원래의 모습을 되찾을 수 있었지만 무기력과 함께한 시간은 유난히 길었으며 다시는 겪고 싶지 않을 만큼 고통스러웠다.

병원에서 진료를 하다 보면 아무것도 하기 싫다고 호소하는 분들을 자주 만난다. 사실 내가 무기력을 겪기 전에는 그 고통을 제대로 이해할 수 없었다. 하지만 무기력을 겪은 뒤로는 그 고통이 얼마나 힘든지 알기에 그분들의 어려움이 더 깊숙이 다가왔다.

무기력을 경험하는 분들과 상담을 하다 보면 가장 안타까운 점은 무기력 자체만으로도 버거울 텐데 자신을 탓하거나 주변 사람들로부터 '의지가 부족한 사람', '게으른 사람'으로 오해받고 있다는 점이다. 어떤 분은 주위의 비판이나 시선이 두려워서 없는 힘까지 쥐어짜 힘겨움이 드러나지 않게 감춘다. 또 어떤 분은 내가 그랬던 것과 마찬가지로 무기력을 피해 중독에 빠진다. 그리고 중독은 무기력만큼이나 혹은 그 이상으로 삶을 피폐하게 만든다.

무기력을 직접 경험해봤기에 "아무것도 하기 싫다"라며 토로하는 분들의 어려움이 너무나도 잘 이해되었고 그분들의 이야기를 귀 기울여 듣고 공감할 수 있었다. 무기력은 의지나 게으름의 문제가 아니라며 위로했고, 그분들은 진심 어린 공감과 위로에 위안을 얻으며 고마워했다. 그러나 아쉽게도 위로와 공감이 무기력한 분들의 마음을 가볍게 해주었을지 몰라도, 무기력한 삶을 바꿔주지는 못 했다. 여전히 그분들은 일상 앞에서 무기력했고 해야 할 일을 미뤘다. 무기력에서 벗어나기 위해서는 위로와 공감만이 아닌 다른 무언가가 필요했다.

그 이후 나는 무기력감에 시달리며 아무것도 하기 싫어하는 분들의 이야기에 더욱 귀를 기울였다. 뇌과학, 정신과학, 심리학 연구를 살펴보며, 무기력에 도움이 될 방법을 찾았고, 내 삶은 물론 환자들의 삶에도 적용해보았다. 그 결과 무기력한 삶을 변화시킬 수 있는 다양한 접근법들을 알게 되었다. 그리고 그 경험과 통찰을 여러분과 나누고자 이 책을 쓰게 되었다.

그 방법들은 다음과 같다. 첫 번째, 무기력의 원인을 아는 것이다. 나는 무기력한 분들에게 언제부터 무기력이 시작되었는지, 그 전에 어떠한 일들이 있었는지 묻는다. 대부분의 무기력감에는 이를 유발한 원인이 있었다. 그 원인을 발견하는 일은 때로 쉽지 않지만, 무기력을 극복하는 데에는 큰 도움이 되었다. 그래서 이 책의 1장에서는 무기력의 다양한 원인이 어떤 방식으로 무기력을 유발하는지를 살펴보고 원인에 따른 해결책을 제시하였다.

두 번째, 중독에서 벗어나는 것이다. 나뿐 아니라 많은 분이 무기력할 때 쉽게 무언가에 중독되었다. 그리고 중독은 무기력을 악화시키거나 무기력으로부터의 회복을 방해하였다. 반대로 중독에서 벗어날수록 무기력을 벗어나는 것이 한층 수월하였다. 이에 2장에서는 무기력과 중독과의 관계, 그리고 무기력을 유발하는 중독에서 벗어나는 방법을 다루었다.

세 번째, 무기력을 바라보는 관점을 바꾸고, 무기력을 이겨내는 실천법을 실행으로 옮기는 것이다. 영화와 드라마, 소설 등 대중매체는 무기력을 부정적이고 극복해야만 하는 대상으로 묘사하여 무기력에 대한 잘못된 관점을 갖게 한다. 이러한 관점을 바르게 변화시키는 것이 문제 해결의 시작이다. 또한 무기력은 삶의 작은 선택과 행동들에 영향을 받는다. 그러므로 간단한 원칙을 실행에 옮기는 것만으로도 무기력을 이겨내는 데 도움이 된다. 따라서 3장에서는 무기력을 바라보는 새로운 관점과 일상에서 실천할 수 있는 다양한 실천법을 담았다.

네 번째, 신체적인 원인을 점검해보는 것이다. 무기력은 마음이나 환경의 영향뿐 아니라, 몸의 이상으로 인해 생기기도 한다. 이 같은 경우 스스로 무기력을 벗어나고자 하는 시도와 시간이 오히려 병을 키울 수 있으며 빠른 진단과 치료만이 해결책이다. 따라서 4장에서는 무기력을 유발할 수 있는 질환 및 신체 이상들을 사례와 함께 소개하였다.

이 책에는 다양한 사례들이 등장한다. 모든 사례는 가명을 사용하였고 진료 현장에서 자주 접하는 환자들의 이야기를 각색하여 재구성하였다. 이 책은 혼자의 힘으로 나온 것이 아니다. 환자들을 치료하는 과정에서 이 책의 필요성을 느꼈고 실제로 환자들에게 도움이 된 방법들이 책의 기반이 되었다. 진료 과정에서 수많은 영감과 통찰을 가져다준 분들에게 감사드린다.

무언가를 변화시키기 위해서는 그 현상을 이해해야 한다. 현상에 대한 이해 없이 이를 바꾸려는 노력은 오히려 시간과 에너지만을 소진하게 만든다. 무기력도 마찬가지다. 무기력에 대한 이해 없이 무작정 쉬거나 운동하는 방법으로는 무기력의 문제를 해결하기 힘들다.

여러분이 이 책을 통해 무기력이라는 현상을 이해하고, 무기력으로부터 회복할 수 있는 해답을 찾기를 바란다. 또한, 무기력을 극복해가는 과정이 비록 쉽지 않더라도, 그 여정 속에서 자신을 더 깊이 이해하게 되고 영혼이 한층 성장하기를 진심으로 바란다.

배종빈

Content

Prolog 평범하고 익숙한 일들이 문득 버거워졌다면 ··· 4

제1장

나는 왜 아무것도 하기 싫을까

나도 모르게 자꾸만 무기력에 빠지는 이유

무기력은 누구에게나 찾아올 수 있다 ··· 17
할 일을 계속 미루는 뇌과학적 이유 ··· 24
과도한 의지가 마음의 문제를 일으킨다 ··· 29
통제할 수 없는 상황이 무기력을 만든다 ··· 39
감정을 억누를 때마다 뇌는 지친다 ··· 46
실패가 두려워 시작을 못 하는 완벽주의 ··· 53
지루함은 뇌가 보내는 경고 신호다 ··· 60
성실하고 도덕적일수록 무기력해지기 쉽다 ··· 66
게으름은 빠르고 쉽게 습관이 된다 ··· 72
하기 싫은 일을 하게 만드는 진짜 힘 ··· 79
삶의 터닝포인트가 되는 무기력 ··· 86

제2장

무기력이 먼저인가, 중독이 먼저인가

무기력, 중독, 회피 심리의 상관관계

중독은 도파민 시스템을 변화시킨다 … 97
무한대의 시간을 빼앗는 중독 사회 … 103
불안과 걱정을 피해 스마트폰으로 숨는 사람들 … 111
미루면 미룰수록 늪에 빠지는 이유 … 118
단 1초라도 보상을 지연시켜라 … 123
중독에 대응하는 나만의 매뉴얼을 만들어라 … 129
중독에서 벗어날 때 비로소 보이는 것들 … 134
이 싸움은 어차피 이길 수밖에 없다 … 141

제3장

의욕은 어떻게 다시 살아나는가

무기력으로부터 서서히 벗어나는 일상 훈련법

의사결정의 피로를 줄여라 … 153
지친 뇌 대신 건강한 뇌를 빌려 쓰는 법 … 160
무기력은 끝이 있는 고통이다 … 167
지나친 휴식은 뇌를 더 지치게 만든다 … 171
누워 있을수록 더 무기력해지는 이유 … 176
무한한 가능성의 늪에 빠지지 마라 … 181
비현실적인 기대를 내려놓는 연습 … 189
무기력과 불안의 악순환에서 벗어나라 … 196

제4장

하기 싫은 것이 아니라 아픈 것은 아닐까

무기력을 유발하는 신체 이상의 사례들

우울증의 늪에 빠진 뇌 … 209

과로와 스트레스가 만든 번아웃 … 215

공황 장애와 함께 찾아온 무기력 … 222

우울증으로 착각하기 쉬운 갑상선 저하증 … 229

수면의 질이 나쁘면 무력해진다 … 235

과도한 운동은 오히려 독이 된다 … 240

시각적 자극이 피로를 가중한다 … 246

알레르기는 뇌에도 영향을 미친다 … 251

건강한 몸에 건강한 정신이 깃든다 … 257

참고문헌 … 263

제1장

나는 왜
아무것도 하기 싫을까

나도 모르게 자꾸만
무기력에 빠지는 이유

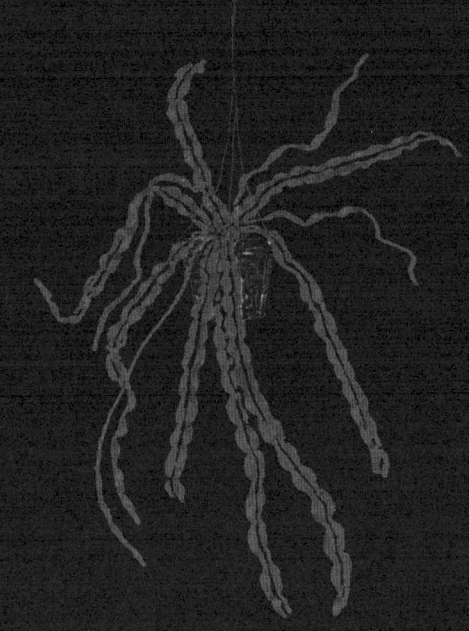

• Why Don't I Want to Do Anything?

무기력은
누구에게나 찾아올 수 있다

―

진료실에서는 다양한 연령대의 사람들이 각기 다른 문제를 안고 찾아온다.

이른 아침에 방문한 80대 어르신은 몸의 이곳저곳이 아파서 병원에 다니기 바쁘며, 혹시 또 다른 곳이 아플까 걱정이다. 함께 세월을 보내던 친구들은 하나둘 세상을 떠나가고 있다. 남은 친구들과 가끔씩 만나도 귀가 잘 안 들리니 대화하기가 힘들다. 건강을 관리하려고 마지못해 운동을 꾸준히 하지만 일상이 지루하고 삶의 활력이 없다.

다음으로 진료실을 찾은 30대 여성은 아이를 낳기 전,

직장 생활을 할 때는 긍정적이고 활력이 넘쳤다. 그런데 아이를 낳고 집에만 있다 보니 무기력해졌다. 사소한 집안일조차 버겁게 느껴지고, 때로는 칭얼대는 아기가 밉고 원망스러웠다. 다시 일을 시작하자니 아이에게 미안하고, 이러한 생활을 지속하는 것은 또 싫다. 이러지도 저러지도 못하는 상황이다.

나른한 오후에 방문한 60대 사업가는 가난한 어린 시절을 보냈기 때문에 가족에게 경제적으로 여유 있는 삶을 누리게 하고 싶어 누구보다 열심히 일했다. 덕분에 이제는 돈 걱정 없이 살 수 있게 되었다. 그러나 막상 원하던 경제적 자유를 얻고 나니 기대되는 것도, 즐거운 것도 없다. 앞으로 무엇을 바라고 기다리며 살아야 할지 막막하다.

마지막으로 진료실을 찾은 20대 청년은 어렵게 취직을 성공했지만 일이 적성에 맞지 않는다. 전직을 준비하고 싶지만 퇴근 후에는 지치고 무기력해서 의미 없이 시간을 보낸다. 지금처럼 계속 일을 하자니 적성에 맞지 않고, 새로운 일을 준비하자니 힘이 없다. 스스로가 한심하고 현재 상황이 답답하기만 할 뿐이다.

무기력을 대하는 두 가지 태도

우리는 저마다 처한 환경 속에서 최선을 다해 살아간다. 하지만 때로 열정과 활력을 잃어버리고 무기력해진다. 무기력은 특정 연령이나 성별에 국한되지 않고 많은 사람이 경험하는 문제이다. 힘겹고 어려운 시기에만 찾아오는 것이 아니라 안정적이고 별다른 문제가 없는 시기에 찾아오기도 한다. 지식이 많고 경험이 풍부하다고 무기력의 문제에서 벗어날 수는 없다. 정신과 의사인 나 역시 살면서 여러 번 무기력에 빠졌고, 아직도 때때로 찾아오는 무기력에 힘겹다.

무기력 중에는 짧은 휴식으로 쉽게 벗어날 수 있는 무기력도 있지만 쉽게 극복하기 어려운 무기력도 있다. 오래 휴식을 취하거나 꾸준히 운동이나 취미 활동을 해도 나아지지 않고, 피로에 도움이 된다는 건강기능식품을 먹거나 유튜브 영상에서 추천하는 방법을 실천해도 쉽게 극복되지 않는 경우다.

이처럼 쉽게 해결되지 않는 무기력과 마주했을 때 우리는 두 가지 선택지 앞에 놓인다. 하나는 무기력을 외면하는 것, 다른 하나는 무기력을 직면하는 것이다.

선택 1. 무기력을 외면한다면

문제를 외면하는 것을 단순히 게으르고 무책임한 태도라고 보기는 어렵다. 사람들은 고통스러운 감정이나 상황을 피하려고 다양한 방어 기제를 사용하는데 그중에서 '억압' 또는 '부정'은 대표적인 방어 기제다. 우리는 문제 상황이 생기면 처음에는 해결해보려 하지만 문제가 생각보다 복잡하거나 쉽게 해결되지 않으면 문제를 외면하는 전략을 선택한다. 문제를 외면해버리면 불안을 포함한 다양한 부정적인 감정으로부터 순간적으로 벗어날 수 있다. 그러나 문제는 해결되지 않은 상태로 남아 있기 때문에 이후에 더 큰 문제와 어려움으로 다가온다.

무기력도 마찬가지다. 무기력이 쉽게 해결되지 않으면 나이 문제 혹은 상황 문제로 치부하며 해결을 포기한다. 무기력을 외면하는 배경에는 굳이 이를 해결하기 위해 노력하지 않더라도 시간이 지나면 저절로 나아질 것이라고 기대하는 마음도 있다. 힘들게 문제에 맞서기보다 문제를 피하는 것이 간단하고 쉽기 때문이다. 또 누군가는 무기력을 이겨내기 위해 열심히 노력하고 있다고 말할 수 있지만, 무기력의 원인을 고민하거나 무기력이 어떤 패턴으로 나타나는지 살펴보지 않고 주변에서 제시하는 방법들을 무작정 따라 하고 있다면, 이 또한 무기력의 문제를 외면하는 행동이다.

    그리고 가장 안타까운 경우는 일시적으로 무기력에서 벗어나게 하는 무언가에 중독되는 것이다. 이를 반복하며 무기력을 잊고 살아간다. 이 경우 중독된 행동을 잠시라도 중단하면 무기력이 찾아오기 때문에 중독 행위를 포기하지 못하고 반복하는 악순환에 빠진다.

선택 2. 무기력을 직면한다면

    무기력의 문제를 해결하려면 어떻게 행동해야 할까? 무기력을 대하는 다른 방법은 이를 직면하는 것이다. 이는 단지 문제를 바라보는 것만이 아니라 문제를 해결하는 데 필요한 변화와 고통의 과정을 수용한다는 의미이다. 그 과정은 때로는 고통스러울 수 있다. 해결이 어려운 문제를 바라보는 것은 그 자체로 불편하고 답답하기 때문이다. 만약 문제 해결을 시도했으나 실패를 거듭하면, 또 실패하지 않을까 하는 두려움으로 새로운 해결책을 찾고 시도하는 것이 어려워진다. 그리고 앞으로 살펴보겠지만 무기력은 다양한 심리적 요인과 밀접하게 연관되어 있어 무기력의 원인을 찾다 보면 불편한 진실을 비롯해 부정적인 감정과도 마주해야 한다. 그렇기에 무기력의 문제를 직면하는 일은 힘들고 어렵다.

◦ 문제는 저절로 해결되지 않는다

그럼에도 무기력의 문제를 직면해야 하는 이유는 그것이 문제를 해결할 수 있는 유일한 방법이기 때문이다. 시간이 지나면 좋아질 것이라고 믿고 무기력의 문제를 외면한다면 많은 시간을 허비하게 된다. 원인을 해결하지 않는다면 무기력은 우리를 옭아매고 조여오는 덫이 되어 삶을 힘겹게 만들 것이다.

알코올 중독 환자들의 사례는 문제를 외면하는 것이 삶에 어떠한 영향을 미치는지를 극단적으로 보여준다. 알코올 중독 환자들은 자신이 술을 마시는 행동을 문제로 여기지 않으며 마음만 먹으면 알코올 중독 문제를 해결할 수 있다고 확신한다. 자신의 삶뿐만 아니라 사랑하는 가족들에게 걱정과 고통을 주고 있음에도 문제를 외면한다.

무기력과 중독뿐 아니라 삶의 다양한 문제들을 마주할 때도 마찬가지다. 당장의 편안함을 위해 문제를 외면할 수도 있고, 고통을 감수하고 직면할 수도 있다. 이 문제들을 대하는 방식에 따라 삶의 방향은 달라진다. 이전 방식으로 해결하기 어려운 문제는 반드시 문제를 바라보는 관점과 해결 방식을 바꿔야 한다. 문제를 해결하기 위해서 문제를 더 깊이 파고들고, 자신과 자신이 처한 환경을 더 진중하게 살펴보고, 세상을 바라보는 관점을 바꿔가면서 우리는 한층 더 성장할 수 있다.

    무기력을 이겨내는 과정은 복잡하고, 어렵고, 지루하고, 때로는 답답할 것이다. 그럼에도 문제를 마주하고 문제를 해결하기 위해 변하겠다는 마음이 생겼다면 여러분은 앞으로 무기력을 이겨낼 수 있을 것이라 확신한다.

할 일을 계속 미루는
뇌과학적 이유

 무기력의 원인을 알아보기 전에 무기력의 원리를 먼저 알아보자. 그러려면 우리가 문제를 외면할 때와 문제를 해결하려 할 때 작용하는 뇌의 작동 원리를 알아야 한다.

 뇌과학적으로 우리가 문제를 외면하는 이유는 그 행동이 이익이라고 판단하기 때문이다. 문제를 외면할 때 뇌에서는 감정-보상 회로가 작동하는데, 이때 편도체와 중뇌의 도파민 경로가 중요한 역할을 한다. 편도체는 불안과 공포를 담당하는 뇌 부위로 스트레스가 높은 상황에서 '이 상황을 피하는 게 안전하다'라고 신호를 보낸다. 그리고 상황을 회피하여 순간적으로 불편한 감정이 줄어들면 도파민이 분비되어 이 행동이 나에게 이익이 된다고 느낀다.

이 과정이 반복되면 뇌는 문제를 피하는 것이 보상받을 만한 행동이라고 학습하기 때문에 점점 더 문제를 외면하는 습관이 형성된다. 예를 들어, 하기 싫은 공부를 해야만 하는 학생은 공부에 대한 생각만 해도 막막하고 답답한 감정을 느낀다. 이때 편도체는 '공부는 그만두고 스마트폰을 보자'라고 회피 행동을 촉진한다. 그리고 이 같은 회피 행동을 통해 불편한 감정에서 벗어나는 경험은 일종의 보상으로 작용하고, 중뇌의 도파민 경로는 이러한 행동이 더 잘 일어나도록 유도한다.

이처럼 감정-보상 회로를 활용한 회피 반응은 동물의 생명 유지에 매우 중요하다. 생명을 위협할 수 있는 환경이나 대상으로부터 안전하게 보호해주기 때문이다. 인간이나 영장류를 제외한 대부분의 동물은 문제 상황을 파악하고 문제를 해결하는 능력이 한정되므로 생존을 위해서는 피하는 것이 효과적이다. 하지만 인간에게도 회피가 가장 효과적인 전략일까?

인간은 다른 동물보다 문제 해결 능력이 뛰어나다. 목표를 설정하고, 계획을 수립하여, 해결하는 뇌의 회로를 '집행 기능 회로'라고 하는데 인간은 이 회로가 다른 동물보다 월등히 발달했다. 특히, 집행 기능 회로에서 중추적인 역할을 하는 전전두피질은 문제 해결에 중요한 역할을 하며 인간의 복잡한 사고와 감정적 균형을 유지하는 핵심적인 영역이다. 영장류는 다른 동물보다 전전두피질이 발달했다. 그중에서도 인간은 다른 영장류보다 전전두피질의 크기가 3~4배에 달한다.[1] 따라서 인간은 다른 동물보다 발달한 전전두피질과 집행 기능 회로 활용해 문제를 해결하는 것이 문제를 외면하는 것보다 효과적이다.

문제 대응 방식도 패턴화된다

사람은 문제를 마주했을 때 감정-보상 회로에 따라 문제를 피하는 방식으로 대응할지, 집행 기능 회로를 활용하여 문제를 해결할지 결정한다. 이와 같이 문제를 대응하는 방식은 매번 다르기보다는 일정한 패턴을 보인다. 만약 특정 문제를 마주할 때마다 피하는 사람이라면 비슷한 문제를 마주할 때마다 외면하려 할 것이고, 문제가 생겼을 때 이를 분석하고 해결하는 사람이라면 문제를 직면하고 해결하려 할 것이다.

이 같은 패턴은 사람마다 다르지만 같은 사람이라도 마주하는 문제에 따라 해결하려는 방식이 다르기도 하다. 예를 들면, 자신의 일과 관련한 문제들은 적극적으로 해결하려 노력하는 사람도 가족 간의 갈등은 외면하는 패턴을 보일 수 있다.

또한, 시간에 따라 문제 해결 방식이 달라지기도 한다. 예를 들어 열심히 공부하던 성실한 학생이 기대한 성적을 받지 못해 실망감과 좌절감을 경험한 뒤로 공부나 성적 관리를 내려놓는 경우처럼, 적극적으로 문제를 해결하려던 사람도 특정한 사건으로 힘든 감정을 겪고 나면 문제를 외면하는 패턴으로 바뀔 수 있다.

인간에게 회피는 최선의 전략이 아니다

감정-보상 회로에 따라 행동하는 것이 무조건 잘못되고 나쁜 것만은 아니다. 앞에서도 말했듯이 감정-보상 회로는 우리를 위험에서 지켜주는 데 효과적이다. 또한 어떤 행동을 할 때마다 상황을 분석하고 고민하여 선택하는 것은 비효율적이므로 간단하고 반복적인 행동을 할 때는 감정-보상 회로에 따르는 것이 불필요한 에너지 소모를 줄일 수 있다.

그러나 단순한 일이 아니라 우리 삶에 큰 영향력을 미치는 중요한 문제 앞에서도 감정-보상 회로에 따라 할 일을 회피한다면 어떻게 될까? 아마도 나중에 후회하는 선택이나 행동을 하거나, 문제가 해결되지 않는 상태로 남아 더 큰 문제들을 일으킬 수도 있다. 그런데 무기력한 상태가 되면 외면이나 회피가 삶에 부정적인 영향을 미친다는 것을 알면서도 이를 반복한다. 즉, 무기력은 중요한 문제 앞에서 감정-보상 회로에 의한 회피 반응을 반복하는 상태이다. 집행 기능 회로를 사용해 문제를 충분히 해결할 수 있음에도 감정-보상 회로의 과활성화로 문제를 피하고, 미루고, 아무것도 하지 않는 것이다.

그렇다면 무엇이 이러한 변화를 일으키는 것일까? 지금부터 감정-보상 회로를 활성화하고 집행 기능 회로를 약화시켜 무기력을 유발하는 다양한 원인을 사례와 함께 살펴보자.

과도한 의지가
마음의 문제를 일으킨다

지훈 씨는 삶이 버겁고 종일 무기력하다며 진료실을 방문했다. 현재 개인 사업을 하는 지훈 씨는 원래 직장인이었다. 처음 직장 생활을 할 때는 새로운 일을 배우고 직장 동료들을 사귀는 것이 즐거웠다. 또 열심히 일하고 누군가에게 인정받는 것도 좋았다. 그런데 직급이 올라갈수록 일이 점점 부담스러워졌다. 담당한 프로젝트를 책임지는 일과 상사의 무리한 지시를 받는 일을 비롯해 팀장으로서 팀원들을 이끄는 일도 쉽지 않았다. 개성이 강한 팀원들 사이에 갈등이 있기도 하였고, 이런 갈등을 중재하는 것 또한 지훈 씨의 역할이었다. 일과 팀원 관리

에 대한 부담이 큰 스트레스로 느껴졌지만 팀장으로서 모범을 보여야 한다는 생각에 가장 먼저 출근해서 가장 늦게까지 일했다. 이러한 지훈 씨의 노력에도 담당했던 프로젝트 하나가 문제가 생겨 회사가 큰 손해를 입었다. 회사에서는 프로젝트의 책임자인 지훈 씨를 크게 비난하였고 지훈 씨는 자책감을 느끼며 무척 힘들어했다. 결국 문제에 대한 책임을 진다는 마음으로 회사를 그만두었다.

회사를 그만둔 지훈 씨는 작은 개인 사업을 시작하였다. 무엇이든 맡으면 열심히 하는 성격이었기에 지훈 씨는 개인 사업을 해도 자신이 성실히 해낼 것이라 믿었다. 그리고 열심히 하다 보면 성과를 얻을 것이라고 기대했다. 그런데 예상과 다르게 지훈 씨는 무기력함 때문에 사업에 열중할 수 없었다. 아침이면 잠에서 깨기가 어려워서 늦잠을 자기 일쑤였고, 사무실에 나가도 간단한 일만 마치고 집으로 돌아오곤 하였다. 저녁에는 스마트폰을 하다가 늦게서야 잠이 들었다. 스마트폰 외에는 무언가에 집중하는 것이 힘들었다. 몸에 문제가 있는 것은 아닐까 걱정하여 병원에서 피 검사와 소변 검사를 포함한 다양한 검사를 받았지만 모두 정상이었다. 지훈 씨는 해야 할 일에 집중하지 못하고 미루는 자기 자신이 답답했다. 내일 해야 할 일들을 잔뜩 노트에 적어도 막상 다음 날이 되면 시작을 미루고 어쩔 수 없이

해야 하는 일 몇 개만 겨우 끝낼 뿐이었다. 지훈 씨는 자기 자신이 한심하고 게으르다고 생각했다.

의지만 불태우다 오히려 악화하는 무기력

진료실을 방문하는 많은 환자가 무기력을 호소한다. 처음에는 무기력을 이겨내겠다는 의지로 몇 번은 해야 할 일을 하는 데 성공하지만, 시간이 지나 의지력이 떨어지면 다시 해야 할 일을 미룬다. 주위에 도움을 구해도 "의지가 부족해서 그래"라는 질책이나 "좀 더 힘을 내봐"라는 격려뿐이다. 이런 말을 들으면 무기력에 빠진 것이 나약한 의지와 태도 때문이라는 생각에 자책감에 시달린다. 심지어 자신의 어려움을 이해하지 못하는 상대방에게 화가 나기도 한다. 결국 다른 사람에게 도움을 받기를 포기하고 다시 혼자만의 외로운 싸움을 이어간다.

우리는 무기력에 빠지면 의지력부터 키우려 한다. 목표와 계획을 세우거나 내가 해내야 할 이유를 되새긴다. 이런 방법들은 일시적으로는 도움이 될 테지만 시간이 지나면 다시 무기력의 수렁에 빠져버린다. 지훈 씨도 마찬가지였다. 퇴직 후 개인 사업을 열정적으로 진행하지 못하는 자신을 변화시키려고 자신을 채찍질하고 내일 할 일을 목록으로 적기도 하였으나 무기력을 극복하기에는 역부족이었다. 이처럼 의지를 북돋아서 무기력을 이기려는 시도가 실패하면 더 큰 좌절감을 느껴 무기력을 극복하고자 하는 생각마저 놓아버리고 만다.

무기력감을 호소하는 환자들의 이야기를 들어보면 무기력은 단순히 의지의 문제가 아니라는 것을 알게 된다. 많은 이가 무기력을 극복하기 위해 이미 다양한 시도를 했지만 극복이 되지 않아 진료실을 방문하기 때문이다. 무기력은 힘을 내려는 의지가 있어도 그 의지보다 더 강한 무언가가 행동을 가로막는 상태이다. 무언가가 감정-보상 회로를 활성화해 문제나 과업을 외면하거나 피하게 만드는 것이다. 무기력을 극복하기 위해서는 감정-보상 회로를 강화하는 원인을 파악해야 한다. 원인을 모른 채 의지만 불태우는 것 역시 문제를 외면하는 일이다. 결과적으로 상황을 더 악화시킬 수도 있다.

◦ 브레이크 걸린 차를 운전하고 있지 않은가

운전을 막 시작할 때의 일이다. 자가용이 없어 아버지의 차를 빌려서 운전 연습을 했는데 하루는 평소보다 차가 잘 나가지 않았다. 그냥 느낌 탓이려니 하고 운전을 했는데 운전을 하면 할수록 이상하다는 생각이 강해졌다. 처음에는 엔진이나 타이어에 문제가 있다고 생각했지만 엔진 소리도 정상이었고 타이어 문제도 없었다. 차의 이곳저곳을 살펴보다가 결국 원인을 발견했다. 주차 브레이크를 풀지 않고 운전을 한 것이었다. 주차 브레이크가 걸린 채로 운전을 하니 차가 평소보다 안 나갈 수밖에 없었던 것이다. 주차 브레이크를 해제하니 차가 정상적으로 작동했다. 만약 차가 안 나간다고 무조건 더 세게 가속 페달을 밟았다면 차가 고장 날 수도 있었다.

무기력도 마찬가지이다. 의지는 있지만 행동으로 옮기는 것이 힘들다면, 행동으로 옮기는 힘을 가로막는 요인이 작용하는 것이다. 의지만으로 무기력이 해결되지 않는다면 의지를 행동으로 옮기는 힘을 가로막는 무언가가 있을 수 있다. 이러한 요인을 파악하지 않은 채로 의지만으로 무기력감을 극복하려고 하는 것은 브레이크가 걸린 상태로 차를 운전하는 것처럼 몸과 마음에 문제를 일으킬 수 있다.

뇌의 멈춤 신호가 만들어지는 곳

우리는 다양한 위험 속에서 살아간다. 원시 시대에는 포식자와 위험한 지형, 지물 등이 인류의 생존을 위협했다면, 현대에는 빠르게 움직이는 자동차, 경제적 어려움, 다양한 질병 등이 생존을 위협한다. 이 같은 위험들로부터 우리를 보호하기 위해서 뇌는 위험한 행동을 멈추는 브레이크를 가지고 있다. 뜨거운 모닥불 앞 또는 차들이 쌩쌩 지나가는 도로 한가운데 있으면 몸이 느려지고 굳는 느낌이 드는데, 이는 뇌의 브레이크가 작동하기 때문이다.

그렇다면 뇌의 어느 부위가 이 같은 멈춤 신호를 만드는 걸까? 제네바 대학교 연구진은 부정적인 감정을 일으키는 자극이 행동에 미치는 영향을 알아보려고 14명의 성인을 대상으로 실험을 진행했다. 참가자들은 두 가지 상황에서 버튼을 눌러야 했다. 하나는 무표정한 얼굴 사진을 본 뒤 버튼을 누르는 것이었고, 다른 하나는 공포에 질린 얼굴 사진을 본 뒤 버튼을 누르는 것이었다. 실험 결과, 후자의 상황에서 버튼을 누르는 속도가 더 느렸다. 이는 공포 같은 부정적인 감정을 느끼는 상황에서 뇌가 멈춤 신호를 보낸 것으로 연구진은 이를 감정 지체emotional slowing 라 지칭하였다. 그리고 뇌가 멈춤 신호를 만들 때 활성화된 부위는 감정 반응을 담당하는 편도체임을 확인했다. 위험에 노출되는 상황에서 편도체는 뇌의 멈춤 신호를 만들고 이는 행동을 억제하는 방향으로 작용하는 것이다.[2]

편도체가 클수록 위험을 회피할까?

그렇다면 편도체의 크기도 사람의 행동에 영향을 줄까? 연구 결과에 따르면 편도체가 클수록 위험을 회피하고 행동을 억제하는 경향이 있다. 나고야 대학교 연구진은 위험을 회피하는 경향과 뇌 부위별 크기와의 관계의 상관성을 확인하기 위해 성인 여성 26명을 조사한 결과 좌측 편도체의 크기가 큰 여성이 위험을 회피하는 경향이 컸다. 연구진은 편도체의 크기가 클수록 사회-심리학적 스트레스에 취약할 가능성도 크다고 이야기하였다.[3]

자우메 프리메르 대학교 연구진은 63명의 대학생을 대상으로 행동을 억제하는 경향과 뇌 영역별 크기와의 관계를 확인하였다. 그 결과 편도체의 크기가 클수록 행동을 억제하는 경향이 있었다.[4]

이와 같은 뇌과학 실험들을 종합하면 감정-보상 회로에

서 중요한 역할을 하는 편도체는 우리를 위험에서 보호하기 위해서 행동을 멈추는 신호를 만들고, 이 편도체가 클수록 행동을 억제하는 경향이 커진다고 할 수 있다. 편도체의 멈춤 신호는 우리를 위험으로부터 안전하게 보호하는 역할도 하지만 이 신호가 너무 과한 경우 우리가 해야 하는 행동마저 브레이크를 걸어서 우리를 무기력하게 만든다.

멈춤 신호를 강하게 만드는 스트레스

그렇다면 무엇이 편도체의 멈춤 신호를 강하게 만들까? 가장 대표적인 원인 중 하나는 만성적인 스트레스이다.

인도의 타타기초연구원 연구진은 동물 실험을 통해 만성적인 스트레스가 편도체에 어떠한 영향을 미치는지를 확인하였다. 나뭇가지 모양의 신경세포는 가지를 통해 다른 신경세포로부터 전기 신호를 받는다. 신경세포가 성장하거나 활동성이 커질 때는 가지가 많아지는데, 신경세포가 죽어가거나 억제되는 경우 가지가 줄어든다. 연구진은 쥐에게 만성적인 스트레스를 주었을 때 편도체의 신경세포 가지 수가 어떻게 변하는지 확인하였다. 실험용 쥐를 대상으로 오전 10시부터 두 시간 동안 가방에 가두어 움직이지 못하게 하였다. 이를 열흘 연속으로 반복한 뒤 쥐의 편도체의 신경세포를 관찰했더니 신경세포 가지가 많아지는 결과를 보였다. 만성적인 스트레스가 편도체의 신경세포를 활성화한다는 사실을 연구를 통해 확인한 것이다.[5]

이처럼 우리 뇌는 위험에 지속적으로 노출될 경우 편도체를 활성화해서 멈춤 신호를 강하게 만든다. 그리고 이는 부정적인 감정이 유발되는 상황에서 행동을 억제하는 브레이크로 작용한다.

지훈 씨도 무기력이 오기 전에 회사에서 오랫동안 스트레스를 경험했다. 만성 스트레스는 편도체를 활성화시키고 결과적으로 감정-보상 회로의 기능을 강화했다. 개인 사업을 하다 보면 부담이 되는 일이나 하기 싫은 일도 해야 하는 상황에 놓인다. 이런 일을 할 때마다 부정적인 감정을 피할 수 없었을 것이다. 감정-보상 회로는 부정적인 감정을 경험하는 상황에서 지훈 씨의 행동을 억제했고, 이는 해야 할 일을 피하거나 미루는 등 무기력한 행동으로 이어졌다. 지훈 씨의 무기력이 의지의 부족이 아니라 행동을 억제하는 뇌의 멈춤 신호 때문이었다면, 의지를 다잡고 목표와 계획을 세우는 등의 행동은 장기적으로 지훈 씨에게 도움이 되지 않았을 것이다.

무기력을 경험하고 있다면 이처럼 스트레스에 오랫동안

노출이 된 것은 아닌지 살펴야 한다. 실제로 무기력감을 가지고 진료실을 찾는 환자들의 이야기를 들으면 오랫동안 스트레스에 노출된 경우가 많다. 만성적인 스트레스가 감정-보상 회로에서 중요한 편도체의 변화를 일으키고 뇌의 멈춤 신호를 일으켜 무기력감을 유발한 것이다.

만약 장기적인 스트레스가 무기력에 영향을 미쳤다고 판단이 된다면 스트레스를 줄이는 방법부터 찾아야 한다. 이를 무시하고 의지만을 불태우는 것은 앞서 소개한 것처럼 브레이크에 걸린 차를 운전하는 것과 같다. 무기력이라는 브레이크를 풀기 위해서는 스트레스를 받는 상황을 변화시킬 방법을 찾아야 한다.

물론 말처럼 쉬운 일은 아니다. 우리에게는 어쩔 수 없이 견뎌야만 하는 스트레스들이 있기 때문이다. 그렇다면 어떻게 해야 할까? 이러한 스트레스가 무기력을 유발하지 않도록 대처하는 방법을 함께 살펴보자.

통제할 수 없는 상황이
무기력을 만든다

—

혜정 씨는 요즘 아무것도 하기 싫어져 진료실을 방문하였다. 집안일을 할 힘도 없어서 빨랫감과 설거짓거리를 쌓아둘 때가 많았고, 친구를 만나는 것도 귀찮게 느껴져 연락이 오면 몸이 안 좋거나 선약이 있다며 피했다. 원래 화초 가꾸는 일을 좋아했는데, 요즘에는 물을 주는 것조차 잊어서 화초들이 점점 시들시들해졌다. 혜정 씨에게 최근에 무슨 일들이 일어나지 않았는지 물어보자 머뭇거리며 가족 간의 갈등을 조심스럽게 이야기했다.

혜정 씨는 1남 2녀 중 맏이였다. 여동생과 막내인 남동생이 있었다. 부모님은 항상 남동생을 최우선으로 생각하였다. 장손이라며 맛있는 것과 좋은 것들은 항상 남동생이 먼저였다. 부모님의 편애는 남매가 각자의 가정을 차린 뒤에도 계속됐다. 집이며 차까지 남동생이 요구하면 부모님은 사주셨다. 혜정 씨는 부모님의 편애로 속상할 때도 많았지만 가족들의 화목을 위해 참았다.

    시간이 흘러 부모님이 나이가 들면서 아프기 시작했다. 어머니는 치매가 생겼고 아버지는 돌아가셨다. 혜정 씨는 맏이로서 어머니를 모시고 있었는데 어느 날 남동생이 자신이 부모님께 물려받을 재산을 미리 받겠다고 요구하였다. 어머니가 아직 살아 있어 병원비와 요양비가 앞으로도 필요할 것으로 예상되는 상황에서 남동생의 요구는 받아들이기 어려웠다. 그럼에도 남동생은 화를 내면서 혜정 씨가 어머니의 재산을 어떻게 쓸지 믿을 수 없다며 자신의 주장만을 반복하였다. 혜정 씨는 남동생이 이해가 되지 않았고 그동안 참았던 설움마저 함께 밀려왔다. 그래도 남동생을 잘 설득해보려고 노력했지만 돌아오는 것은 폭언과 욕설뿐이었다. 이후로도 남동생은 수시로 부모님의 재산을 요구하였고 이런 상황에서 계속 스트레스를 받던 혜정 씨는 점점 무기력해졌다.

통제할 수 없는 스트레스에 무기력해지는 이유

스트레스는 우리 몸과 마음에 부정적인 영향을 미친다. 만성적인 스트레스는 심혈관 질환과 암 발생률을 높이며, 우울증과 불안장애 위험을 높인다. 그리고 앞서 이야기한 바와 같이 스트레스는 편도체를 활성화하고 감정-보상 회로를 강화하여 무기력을 유발한다. 그렇다면 스트레스에 어떻게 대처해야 할까? 스트레스가 뇌에 미치는 영향은 이를 어떻게 받아들이냐에 따라 달라진다. 스트레스를 긍정적으로 받아들이라는 뻔한 말을 하려는 것이 아니다. 뇌의 입장에서 중요한 것은 '스트레스에 대한 통제 여부'이다. 즉 스스로 통제할 수 있는 스트레스는 무기력을 유발하지 않으나, 통제할 수 없는 스트레스는 우리를 무기력하게 만든다.

펜실베이니아 대학교 연구진은 스트레스의 통제 가능 여부가 동물의 행동에 어떤 영향을 주는지 개를 이용하여 연구했다. 연구진은 개들을 A와 B 집단으로 나눈 다음, A 집단의 개와 B 집단의 개 한 마리씩 짝을 지어 전기 자극을 동시에 주었다. 단, A 집단의 개가 레버를 누르면 A와 B 집단의 개에게 주어지던 전기 자극이 동시에 멈춰지게 했다. 즉 A와 B 집단의 개들은 같은 스트레스를 받았지만, A 집단은 통제할 수 있었고 B

집단은 통제할 수 없었다.

　　이후 A와 B 집단의 개들을 대상으로 다른 실험을 진행하였다. 상자를 작은 벽으로 두 개의 공간으로 나눠 한쪽에는 전기가 흐르게 했고 다른 한쪽에는 전기가 흐르지 않게 했다. 개가 한쪽에 있을 때 전기 자극이 주어지면 작은 벽을 뛰어넘어 전기 자극을 피할 수 있도록 환경을 만든 것이다. 이러한 공간에서 개들이 어떻게 행동하는지 확인하니, A 집단의 개들은 전기 자극이 주어지면 작은 벽을 뛰어넘어 전기 자극이 없는 공간으로 피했으나, B 집단의 개들은 아무 행동도 하지 않고 전기 자극을 그저 참기만 했다. 전기 자극이라는 똑같은 스트레스를 받았지만, 이를 통제할 수 있었던 A 집단의 개들은 문제를 해결하려 했다면 스트레스를 통제할 수 없었던 B 집단의 개들은 무기력에 빠져서 문제를 해결하지 못하는 모습을 보였다.[6]

　　혜정 씨의 경우 남동생의 이해할 수 없는 말과 행동들이 스트레스가 되었다. 혜정 씨는 나름대로 남동생을 설득하려고 했지만 소용없었고, 오히려 남동생에게 폭언과 욕설을 들으며 더 큰 스트레스를 받았다. 혜정 씨는 남동생으로부터 통제할 수 없는 스트레스를 계속 받으면서 무기력에 빠진 것이다.

　　왜 우리는 통제가 어려운 스트레스에는 무기력해지고 통제할 수 있는 스트레스에는 영향을 받지 않을까? 스트레스를 받으면 스트레스에 반응하는 뇌 영역이 활성화되는데, 스트레스를 통제할 수 있는 경우 전전두피질이 스트레스에 반응하는 뇌 영역을 억제하기 때문이다.

이와 관련된 흥미로운 연구가 있다. 콜로라도 대학교 연구진은 쥐를 대상으로 전기 자극을 이용하여 만성적인 스트레스를 주었다. 통제할 수 없는 전기 자극을 지속하자 뇌의 봉선핵이라는 부위에서 스트레스로 인한 반응이 생겼고 쥐들은 새로운 문제 상황에서 무기력한 모습을 보였다. 하지만 전기 자극을 통제할 수 있는 경우 전전두피질이 전기 자극이 유발하는 봉선핵의 스트레스 반응을 억제하였고, 새로운 문제 상황에서도 활발히 움직이는 모습을 보였다.[7]

전전두피질이 발달한 동물은 스트레스를 통제할 수 있다

인간이 다른 동물들보다 환경에 잘 적응할 수 있었던 이유는 다른 동물보다 전전두피질이 발달했기 때문이다. 전전두피질이 발달하지 못한 동물이 스트레스에 대처하는 가장 효율적인 방법은 회피이다. 스트레스를 유발할 행동을 하지 않도록 뇌에서 멈춤 신호를 보내는 것이다. 그러나 전전두피질이 발달한 동물들은 스트레스를 통제하는 방법을 학습할 수 있다. 통제할 수 있는 스트레스는 멈춤 신호를 보내기보다 적극적으로 스트레스를 통제하도록 하는 게 효과적이다. 그래서 전전두피질은 통제가 가능한 경우 스트레스의 뇌 반응을 억제하여, 만성적인 스트레스가 무기력을 유발하는 것을 막는다.

통제가 가능한 스트레스는 더 이상 스트레스가 아니다. 통제가 불가능한 스트레스는 감정-보상 회로를 활성화하지만, 통제가 가능한 스트레스는 오히려 집행 기능 회로를 활성화한다.

무기력감이 계속된다면 내가 어찌할 수 없는 것들로 스트레스를 받고 있지 않은지 살펴봐야 한다. 그것은 혜정 씨처럼 타인이 될 수도 있고, 질병이나 경제적 상황이 될 수도 있다. 최근에는 층간 소음으로 고통받는 분들이 진료실을 찾는 경우가 자주 있다. 층간 소음은 그 자체로도 힘들지만 통제할 수 없으므로 그 고통이 배가 된다. 나이 든 사람은 자신이나 가족이 질병으로 인한 고통을 받고 있으나 자신이 할 수 있는 것이 없을 때 무기력을 경험하고, 젊은 사람은 자신이 노력하여도 바꿀 수 없는 현실에 맞닥뜨렸을 때 무기력해지곤 한다.

무기력은 우울증 환자들의 흔한 증상 중 하나다. 환자들이 가장 크게 무기력해질 때는 우울증을 극복하기 위해 운동, 명상, 친구 만나기 등 다양한 노력을 했음에도 우울증이 좋아지지 않았을 때이다. 우울감을 통제할 수 없다는 사실이 우울증 환자들을 더 무기력하게 만드는 것이다.

그렇다면 통제할 수 없는 스트레스에는 어떻게 대응하는 것이 좋을까? 가장 먼저 통제할 수 있는 것과 통제할 수 없는 것을 구분해야 한다. 타인, 죽음, 질병 등은 내가 통제할 수 없다. 통제할 수 없는 것을 통제하려 한다면 무기력만을 경험하게 된다. 하지만 타인의 행동에 내가 어떻게 반응할지, 죽음을 어떻게 받아들일지, 질병을 어떻게 관리할지는 우리가 충분히 고민하고 결정할 수 있는 부분이다. 통제할 수 없는 대상 때문에 스트레스를 받기보다는 이 대상을 받아들이는 방식에 집중함으로써 스트레스를 통제할 수 있다. 이처럼 통제할 수 있는 것과 아닌 것을 구분하여 통제할 수 없는 부분은 수용하고 통제 가능한 것들에 집중하는 것이 스트레스 때문에 무기력해지지 않는 방법이다.

감정을 억누를 때마다
뇌는 지친다

―

은영 씨는 원래 활발하고 누군가를 만나는 것을 좋아하는 사람이었다. 그런데 직장 생활의 스트레스가 커지면서 조금씩 예민해졌다. 예전 같으면 대수롭지 않게 넘겼을 다른 사람의 말에도 쉽게 기분이 상했다. 회의 시간에 직장 동료가 은영 씨의 의견에 반대 의견을 내자 자신을 무시하냐며 화를 내는 일도 있었고, 친한 친구들과 만나서도 한창 재미있게 시간을 보내다가 친구가 던진 농담에 기분이 상해서 자리를 박차고 나간 적도 있었다. 은영 씨는 그런 일이 있을 때마다 크게 후회하고 자책했다. 그리고 언제 어디서나 혹시라도 감정을 주체하지 못할까 봐 걱정이 되어 긴장하고 신경을 썼다. 하지만 피곤하거나 지친 날에는 여전히 화를 주체하기 어려웠다. 은영 씨는 점점 사람을 만나고 대하는 것 자체가 부담스럽고 걱정이 되었다.

수연이는 언제부터인가 공부에 집중하는 것이 어려웠다. 어렸을 때부터 꼼꼼한 성격이었던 수연이는 공부도 성실하게 했고 성적도 좋았다. 부모님과 선생님의 칭찬도 좋았지만, 스스로도 공부를 잘하고 싶은 마음이 커 학년이 오를수록 더 열심히, 더 많은 시간을 공부했다. 그런데 언제부터인가 공부가 부담되기 시작했다. 공부를 완벽하게 하지 못해 시험 문제를 틀릴까 봐 불안해했다. 수연이는 열심히 하면 좋은 성적이 따라올 것이라며 자기 자신을 달랬지만 불안감이 쉽게 사라지지는 않았다. 공부에 집중해보려 애서도 불안한 상태에서는 글씨가 눈에 잘 들어오지 않았다. 이렇게 공부에 집중하지 못하는 상황마저도 수연이를 더욱 불안하게 만들었다.

감정 조절 능력과 학교생활의 연관성

우리는 살아가면서 다양한 감정을 느끼고 이를 적절히 조절하면서 살아간다. 어린아이의 경우 감정을 조절하는 것이

서툴어 화가 나는 감정을 그대로 부모나 또래에게 분출하기도 한다. 하지만 자라면서 부모를 통해 그리고 친구들과의 교류를 통해 감정을 조절하는 방법을 배운다. 부모는 훈육을 통해서 아이가 감정을 조절하도록 가르치고, 때로는 어떻게 감정을 조절하는지 알려주는 본보기가 되기도 한다. 친구들과의 관계에서는 감정을 조절하지 못해 친구들에게 비난을 받거나 관계가 멀어지는 경험을 한다. 이를 통해 감정 조절의 필요성을 느끼고 감정을 조절하는 방법을 배운다.

예일 대학교 연구진은 213명의 사립 고등학교 학생들을 대상으로 성실성, 그릿Grit, 감정 조절 능력이 고등학교 생활에 어떤 영향을 미치는지 조사했다. 그 결과 그릿은 고등학교 생활에 큰 영향을 주지 않았으나 성실성과 감정 조절 능력은 학업 성취도, 평판, 교칙 준수 여부, 학교생활 만족도에 큰 영향을 미쳤다.[8] 이처럼 감정 조절은 타인과의 관계를 잘 유지하는 것뿐 아니라 목표를 이루고 자신이 속한 집단에 잘 적응하는 데 중요하다.

이러한 이유로 우리는 좋은 인간관계를 위해, 우리가 속한 집단에 잘 적응하기 위해 그리고 우리의 목표를 이루기 위해 감정을 조절한다.

감정을 통제할 때 일어나는 뇌의 변화

감정을 조절하는 방법은 다양하다. 우리는 상황에 맞는 방법을 선택하여 감정을 적절히 조절하며 살아간다. 같은 감정도 상황에 따라 대처법이 다르다. 흔히 징그러운 벌레를 보면 공포와 불쾌감을 느끼는데 이는 감정을 일으키는 변연계에서 벌레를 피하라는 신호로 불쾌한 감정들을 만들기 때문이다. 길을 걷다가 벌레를 발견하면 벌레를 피할 테지만, 집에서 보호할 아이와 함께 있을 때는 불쾌한 감정들을 억누르면서 벌레를 잡는다.

같은 상황에서 한 가지 방법으로 감정 조절이 어려울 때는 다른 방법을 시도하기도 한다. 많은 환자가 감정 조절이 어려워 진료실을 찾는데, 대부분 불편한 감정을 경험하면 처음에는 감정을 통제하거나 긍정적인 감정으로 바꾸려고 한다. 상사가 기분 나쁜 말을 해도 '상사가 안 좋은 일이 있었겠지' 하고 이해하려고 하며, '시간이 지나면 기분 괜찮아지겠지' 하고 긍정적인 감정을 불러일으키려 노력한다. 그래도 불편한 감정이 조절되지 않을 때는 감정을 억압한다. 화가 나는 감정이 들더라도 이를 의식 밖으로 밀쳐 마치 화가 나지 않은 사람처럼 행동하는 것이다.

감정을 통제하거나 긍정적인 감정으로 바꾸고 감정을 의식 밖으로 밀어내는 역할을 하는 뇌 부위가 전전두피질이다. 그런데 같은 방법만 계속 사용하다 보면 나중에는 전전두피질의 힘이 떨어져 전전두피질을 활용하는 감정 조절 방법이 더는 효과적으로 작용하지 않는다. 즉, 예전에는 대수롭지 않게 넘어갔을 상황에서 감정을 조절하지 못하는 것이다.

부정적인 감정이나 격한 감정은 스트레스 반응을 유발한다. 앞에서 살펴본 것처럼 통제할 수 없는 스트레스는 무기력의 원인이 된다. 그렇기에 감정을 통제하지 못하는 상태가 계속되거나 반복되면, 이는 결과적으로 '무기력을 일으킨다.

또한, 감정을 통제하지 못하는 경험을 반복하면 감정이 발생할 상황 자체를 피하게 된다. 은영 씨처럼 사람 때문에 불편한 감정이 발생하면 사람을 만나지 않으려 하고, 수연이처럼 공부를 할 때마다 안 좋은 감정을 느끼면 공부를 피하는 것이다. 즉, 만나야 할 사람도 만나지 못하고 해야 할 일도 하지 못하면서 점점 우리 삶은 위축된다.

감정을 받아들이면 뇌는 휴식을 취한다

뇌가 지치지 않으면서 감정을 효과적으로 조절하는 방법이 있을까? 뇌과학자들은 감정을 그대로 받아들이는 것이 중요하다고 한다. 감정을 받아들이는 것은 자신이 경험하는 감정을 통제하거나, 변화시키거나, 억누르거나, 피하는 것이 아니라 열린 마음으로 비판 없이 받아들이는 것이다. 이때 감정에 대한 호기심이 중요하다. 내가 어떤 감정을 느끼는지 궁금한 마음으로 살피는 것이 감정을 받아들이는 데 중요하다. 감정을 통제하려고 할 때 감정은 그저 통제가 필요한 대상이 된다. 해야 할 일을 못 하게 방해하는 위협으로 간주하는 것이다. 이에 반해 감정을 받아들이는 태도는 감정을 일시적이고, 흥미롭고, 중립적이며, 자신의 정신 상태에 대한 정보를 제공하는 유용한 자료로 여긴다.

메르카토룸 대학교 연구진은 감정에 어떻게 반응하는지에 따라 뇌가 어떻게 변화하는지를 422명의 뇌 영상 연구 자료를 분석하여 확인했다. 그 결과 감정을 통제할 때는 실행기능을 담당하는 전전두피질이 크게 활성화되었고 감정을 있는 그대로 받아들일 땐 전혀 활성화되지 않았다. 오히려 후측대상피질과 쐐기앞소엽과 같은 특정 부위는 활성도가 떨어졌다.[9] 감정을 통제하려 할 때 뇌는 뇌 기능을 크게 사용하지만, 감정을 있는 그대로 받아들이면 뇌는 오히려 휴식을 취하는 것이다.

　　이 같은 뇌과학 연구 결과만으로 감정을 받아들이는 방법이 감정을 통제하는 방법보다 우월한 감정 조절 방법이라고 단언할 수 없다. 또한, 우리 사회에서 감정은 통제의 대상, 극복의 대상이라는 신념이 만연하기에 감정을 그대로 받아들이기는 말처럼 쉽지는 않다. 그런데도 감정을 통제하지 못하여 해야 할 일을 못 하거나 사회적으로 위축이 되는 경우, 감정을 있는 그대로 받아들이는 방식은 지친 뇌를 회복시키는 효과적인 대안이 될 수 있다.

　　아무리 노력해도 감정 조절이 마음처럼 되지 않으면 전문가의 도움을 받는 것도 필요하다. 심리 상담은 감정을 인지하고 표현하는 연습을 통해 감정 조절을 수월하게 만든다. 약물치료 또한 효과적인 방법이다. 부작용이 없는 소량의 약물만으로도 감정 조절에 큰 도움을 받을 수 있다. 최근에는 정신건강 증진을 위한 정신과 진료나 심리 상담을 지원하는 다양한 사회 제도들이 있으니 이를 활용하는 것도 좋다.

실패가 두려워
시작을 못 하는 완벽주의

―

지연 씨는 무슨 일이든지 완벽을 추구하는 완벽주의자이다. 어렸을 때부터 자신이 맡은 일은 한 치의 실수도 용납하지 않고 완벽하게 해냈다. 부모님은 나이에 비해 어른스럽고 시키지 않아도 맡은 일을 잘 해내는 지연 씨를 자랑스러워했다.

지연 씨는 공무원이 되고 싶어 대학교에 다니면서 공무원 시험을 함께 준비했다. 낮에는 학교에서 수업을 듣고 밤에는 도서관에서 공무원 시험 강의를 들었다. 4학년 때는 본격적으로 공무원 시험을 준비하기 위해서 휴학을 했다. 그리고 시험공부에만 집중했다. 언제나 그랬듯 지연 씨는 열심히 자신이 해야 할 일에 집중했다. 주변의 기대도 컸다. 다른 사람들은 몇 년씩 걸려 합격하지만 지연 씨라면 한 번에 합격할 것이라고 기대했고, 지연 씨도 혹시 그런 일이 생기지 않을까 기대하며 더욱 열심히 했다.

하지만 아쉽게도 기대했던 일은 일어나지 않았다. 지연 씨는 첫 시험에 떨어졌다. 커트라인과 얼마 차이가 나지 않았기에 아쉬웠지만, 앞으로 1년간 열심히 하면 내년 시험에서 좋은 결과가 있을 것이라고 생각하며 아쉬움을 달래었다. 지연 씨는 시험 결과가 나온 날부터 다시 책을 펴고 공부를 시작했다.

그렇게 두 번째 시험을 준비하던 지연 씨는 시험이 얼마 남지 않은 어느 날 커다란 심리적 압박을 느꼈다. 혹시라도 이번에도 시험에서 떨어지면 가족들과 주변 사람들이 자신을 어떻게 생각할지 상상했다. 많은 사람이 실망하고 어떤 사람은 자신을 조롱할 것이라는 생각이 들자 공부가 손에 잡히지 않았다. 책을 펴면 긴장이 되고 불안했다. 읽은 내용이 머릿속에 들어오지 않고 쓸데없는 생각들이 머릿속을 차지했다. 하루 중 몇 시간도 제대로 공부를 하지 못했다.

이득보다는 손실을 피하려는 뇌

우리가 하는 행동은 크게 두 가지로 구분할 수 있다. 하나는 무의식적으로 하는 습관적 행동, 다른 하나는 의식적으로 고민하여 결정하는 행동이다.

양치할 때 오른쪽을 먼저 닦을지 왼쪽을 먼저 닦을지 고민하지 않고 습관대로 이를 닦듯이, 특정 상황에서 어떤 행동이 반복되면 뇌는 특정 상황 때마다 같은 행동을 반복한다. 이와 달리 처음 겪는 상황이거나 반복 행동이 정해져 있지 않은 상황에서는 어떤 행동을 할지 말지를 의식적으로 고민한다.

뇌는 어떤 행동을 할지 선택할 때 예상되는 이득과 손실을 계산한다. 수학적으로만 생각하면 이득이 손실보다 클 때는 행동하는 것이 맞고, 이득보다 손실이 클 때는 행동하지 않는 것이 맞다. 그런데 흥미롭게도 뇌는 '이득을 얻는 것'보다 '손실을 보지 않는 것'에 더 큰 가치를 부여한다. 이득과 손실의 가능성이 비슷한 경우 손실을 보지 않는 쪽으로 선택하는 경향이 있는데, 이와 같은 행동 경향을 '손실 회피'라고 부른다. 만약 이기면 1,500원을 받고, 지면 1,000원을 잃는 승률 50%의 게임이 있다고 가정해보자. 수학적으로 계산을 하면 승률이 같고 이겼을 때의 이득이 졌을 때의 손실보다 크기 때문에 게임을 하는 것이 맞다. 하지만 손실 회피가 작용하면 뇌는 이 게임에 참여하지 않는 것으로 결정하는 경향을 보인다.

손실 회피에는 편도체가 중요한 역할을 한다고 알려져 있다. 런던 대학교 연구진은 양측 편도체 병변이 있는 사람을 대상으로 일반적인 사람들에게 관찰되는 손실 회피 행동이 관찰되는지를 연구했다. 한 연구대상자는 43세 여성으로 편도체 전체에 병변이 있었으며, 다른 연구대상자는 23세 여성으로 편도체의 50%가 손상이 있었다. 연구대상자를 유사한 나이, 성별, 학력의 정상인과 비교하였을 때, 정상인에서 관찰되는 손실 회피 성향이 편도체 병변이 있는 대상자들에서는 관찰이 되지 않았다. 불안감, 긴장감을 일으키는 뇌 부위인 편도체가 손실 회피 행동에 중요한 역할을 하는 것이다.[10]

이처럼 어떤 행동을 할 때 손실, 피해, 실패가 예상되면 뇌의 편도체가 활성화된다. 앞에서 여러 번 설명했듯이 편도체의 활성화는 감정-보상 회로를 강화하고 문제를 외면하거나 과업을 피하는 쪽으로 행동하게 만든다.

우리가 어떤 일이나 공부를 하면서 점점 무기력해졌다면, 이는 손실 회피 경향으로 감정-보상 회로가 작동하기 때문일지 모른다. 처음에 일이나 공부를 시작할 때는 손실이나 실패의 경험이 없다. 그러므로 이로 인한 손실보다는 가져다줄 이득이 주로 예상이 된다. 하지만 일이나 공부를 하다 보면 어쩔 수 없이 손실이나 실패를 경험하게 된다. 목표한 일을 실패하여 상사에게 질책을 받기도 하고, 원하는 성적이 나오지 않아서 스스로 실망하기도 한다. 이와 같은 경험이 쌓이다 보면 어느새 일이나 공부를 하려고 할 때, 이 행동이 가져올 수 있는 이득뿐 아니라 손실도 예상이 된다. 이득과 손실의 정도와 가능성이 비슷하다면 뇌는 해야 할 일을 피하거나 미루게 만든다.

실패가 두려워 계속 미루는 완벽주의자

완벽주의 성향이 있는 사람은 손실 회피에 의한 무기력이 더 쉽게, 자주 생긴다. 완벽주의자들은 완벽을 추구하기 때문에 다른 사람들보다 더 높은 목표를 설정한다. 일반적인 노력으로는 이 목표를 달성하기 쉽지 않기 때문에 남들보다 더 열심히 노력하며, 더 높은 성취를 달성하게 해준다는 장점이 있다. 이에 반해 완벽주의자는 목표 달성에 실패할 가능성도 크다. 즉 같은 과업을 하더라도 상대적으로 기준이나 목표가 높아 실패를 경험할 가능성이 큰 것이다. 앞서 설명한 대로 실패가 예상되는 상황에서 뇌는 손실 회피 경향을 보이는데 완벽주의자는 실패할 가능성이 크기 때문에 손실 회피 경향이 더 큰 편이다.

실제로 완벽주의자는 과업을 미루는 경향이 있다고 한다. 토론토 대학교 연구진은 131명의 대학생을 대상으로 완벽주의와 미루기가 밀접한 관계가 있는지를 확인했다. 해당 연구에서는 완벽주의를 좀 더 자세하게 세 가지 영역에서 평가했다. 첫 번째는 자신을 완벽하게 생각하는 경우, 두 번째는 다른 사람을 완벽하게 생각하는 경우, 마지막은 다른 사람들이 자신을 완벽하기를 기대한다고 생각하는 경우였다. 그 결과 다른 사람들이 자신이 완벽하기를 기대한다고 여길수록 학업을 포함한 해야 할 일을 미루는 경향을 보였다. 즉, 다른 사람의 기대 때문에 자신이 완벽해야 한다는 신념이 있는 경우에 기대를 만족시키지 못한다는 생각이 미루기를 유발할 수 있다는 것이다.[11]

앞서 사례에서 소개한 지연 씨는 완벽주의자다. 완벽주의는 지연 씨에게 긍정적인 부분도 있었지만, 시험을 준비하는 과정에서 무기력을 유발하는 원인으로 작용했다. 이처럼 완벽주의는 자신에게 완벽이라는 허상을 목표로 삼게 만들어 목표를 이루지 못하는 것에 대한 불안감을 일으켜 해야 할 일을 피하거나 미루게 만든다.

완벽주의로 인한 불안과 무기력에서 벗어나는 방법은 실패를 책임질 용기를 갖는 것이다. 누구나 실패는 두렵다. 앞서 말했듯이 뇌는 무언가를 잃는 것을 두려워하도록 만들어졌기 때문이다. 실패는 고통스럽다. 원하는 것을 이루지 못할 때 우리는 낙담하고 우울해진다. 그러나 한편으로 단지 그뿐이다. 작가 맥스 루카도가 "실패는 그것으로부터 무언가를 배우지 못할 때만 치명적이다"라고 했듯이, 실패를 통해 배우고 성장할 수 있다면 실패는 곧 삶의 자양분이 된다. 그러니 실패하더라도 실패가 가져올 고통을 책임지고 견디겠다는 각오가 있다면 완벽주의는 더는 우리의 발목을 잡지 않을 것이다.

지루함은
뇌가 보내는 경고 신호다

―

　두 아이의 엄마인 정민 씨는 요즘 아무것도 하기가 싫다. 정민 씨는 은행에서 일했었다. 일하면서 아이들을 돌보는 것이 때로는 버겁고 정신이 없었지만 제법 잘 해내고 있다고 생각했다. 그러던 중 은행에서 좋은 조건으로 희망퇴직을 받았다. 바쁜 워킹맘의 삶에 조금 지쳤던 정민 씨는 이참에 일을 쉬면서 초등학생이던 아이들을 좀 더 잘 돌봐야겠다는 생각에 희망퇴직을 신청했다.
　처음에는 여유 있게 집에서 시간을 보내는 것이 좋았다. 그러나 시간이 지나자 집에 있는 시간이 점점 지루하게 느껴졌다. 집안일은 하루라도 하지 않으면 티가 나 매일 해야 했다. 하지만 단순한 집안일의 반복은 정민 씨를 따분하게 만들었다. 정민 씨는 집안일이 자신과 잘 맞지 않는다는 생각을 했다. 하지만 세상에 집안일이 적성에 맞아서 하는 사람이 어디 있겠느냐고 자신을 다독이고 지루함을 그저 참았다. 집에 있다 보니 종일 남편과 아이들이 집에 오기만을 기다리는데, 남편은 집에 오자마자 피곤하다며 방에 틀어박히기 일쑤고 아이들은 친구들과 연락을 주고받거나 숙제하느라 바빴다. 그렇다고 집을 나가 친구들을 만나기도 쉽지 않았다. 어쩌다 친구들을 만나러 집을 비우면 남편이 어디냐며 언제 오냐며 눈치를 주어서 편하게 시간을 보낼 수가 없었다. 정민 씨는 자신이 집이라는 새장에 갇힌 새처럼 느껴졌다.

이런 시간이 이어지자 정민 씨는 무기력해졌다. 집에 있으면 아무것도 하고 싶지가 않았다. 빨랫감과 설거짓거리도 최대한 쌓아두다가 한계에 다다르면 마지 못해 처리했다. 가족들의 식사도 배달 음식을 시켜서 차릴 때가 많았다. 하루 중 대부분의 시간을 멍하니 스마트폰을 보면서 보냈다. 정민 씨는 하루하루가 따분했고 내일도 미래도 그다지 기대되지 않았다.

우울증을 유발하는 지루함

지루함은 인간이라면 누구나 느끼는 감정이다. 강의를 들을 때, 오랫동안 어떤 일을 해야 할 때, 때로는 눈앞에 있는 상대방의 이야기를 듣는 중에도 지루함을 느낀다. 지루함은 지금 하는 행동을 그만하고 다른 것을 찾아보라고 우리 몸이 보내는 신호이기도 하다. 우리는 하루에도 몇 번씩 지루함을 느끼지만, 이 지루함이 우리 삶에 어떤 영향을 미치는지 곰곰이 생각해본 적은 없을 것이다. '그깟 지루함이 무슨 큰 영향이 있겠어'라고 생각하겠지만, 지루함은 때로 우리가 하는 아주 중요한 행동에 영향을 미친다.

테크니온-이스라엘 공과대학교 연구진은 AI 기술을 활용하여 1,006명이 작성한 228,052개의 페이스북 포스팅을 분석했다. 연구진은 어떤 내용이나 감정이 담긴 포스팅이 그 사람의 생각과 행동을 예측할 수 있는지 알아보고자 했다. 놀랍게도 페이스북에 '지루함'과 관련된 내용이 있는 경우 자살을 할 가능성이 크다는 것을 발견했다. 지루함은 자살을 예측할 수 있는 신호였다.[12]

벨기에 연구진이 여학생 110명을 대상으로 조사한 결과, 폭식을 부르는 다양한 부정적 감정 중 가장 흔하고 강한 원인은

'지루함'이었다. 실제로 폭식이 일어난 상황의 66%에서 참가자들은 지루함을 주요 원인으로 꼽았다.[13]

지루함은 중요한 감정 신호이다

그렇다고 지루함이 부정적인 면만 있는 것은 아니다. 우리는 지루함에서 벗어나고자 기존과 다른 방법을 고민하면서 새로운 아이디어와 혁신적인 사고를 떠올리기도 한다. 레고의 창립자 올레 키르크 크리스티얀센은 목수로 일하면서 지루함을 달래기 위해 작은 장난감을 만들었는데, 이 취미가 레고 블록이라는 혁신적인 장난감으로 발전했다. 폴라로이드 카메라의 발명자인 에드윈 랜드는 사진을 찍고 현상하는 과정을 기다리며 지루함을 느껴 사진을 바로 볼 수 있는 방법을 고안한 끝에 즉석 카메라인 폴라로이드 카메라를 발명했다. 이처럼 지루함은 단순히 시간을 낭비하는 감정이 아니라 창의성과 문제 해결 능력을 촉진하고, 성장을 위한 기회를 제공하기도 한다.

지루함은 지금 추구하는 목표가 아닌 다른 목표를 추구하게 하는 감정 신호로서 작용한다. 만약 이러한 신호가 없다면 한평생 같은 일만 반복하고, 제한된 경험만 하면서 살아갈 것이다. 지루함은 단순 노동만 반복하는 일터에서는 불필요하고 도움이 되지 않는 감정일 수 있다. 하지만 지루함을 느끼기 때문에 다른 일에 흥미를 느끼기도 하고, 같은 일을 하더라도 이전과 다른 방식으로 진행해본다. 이는 결과적으로 우리가 다양하고 풍부한 경험을 하도록 이끌며, 창의적인 문제 해결에 이바지한다. 인간이 지루함을 느끼지 못하였다면, 인류는 어쩌면 아직도 식물의 열매를 따 먹거나 동물들을 사냥하며 살고 있었을지도 모른다.

지루함은 몰입으로 이끄는 나침반의 역할을 하기도 한다. 우리는 흥미를 끌 만한 자극이 없을 때, 너무 잘 아는 내용이라 기대가 되지 않을 때, 해야 할 일이 너무 쉬울 때 지루함을 느낀다. 대학생에게 초등학교 저학년 수업을 듣게 하거나, 한 시간 동안 덧셈, 뺄셈만 하라고 하면 지루해서 견디기가 힘들 것이다. 이와 반대로 해야 할 일이 너무 어렵거나 이해가 되지 않아도 지루함을 느낀다. 일반인에게 물리학 전공 수업을 듣게 하면 10분도 되지 않아서 졸음이 쏟아질 것이다. 지루함을 느끼기 때문에 우리는 수준에 맞는 과업을 선택하여 그 일에 몰입하는 것이다. 그리고 몰입을 통해 성장하고 더 좋은 결과물을 얻는다.

만성적 지루함은 무기력을 유발한다

지루함은 일상에서 흔히 경험하는 감정이지만, 만성적으로 이를 경험하면 무기력을 유발할 수 있다. 지루한 상태는 전전두피질의 기능을 저하하고 이는 집행 기능 회로의 활성도를 떨어뜨린다. 또한, 뇌의 도파민 농도를 떨어뜨려 습관적인 행동을 반복하게 한다. 그리고 지루함은 그 자체로 스트레스와 정서적 피로를 유발한다. 반복적이고 흥미롭지 않은 활동에 오래 노출됐을 때 겪는 스트레스가 결과적으로 감정-보상 회로를 활성화해 문제를 외면하거나 해야 할 과업을 피하게 만든다.

앞에서 소개한 정민 씨의 사례를 다시 살펴보자. 정민 씨는 집안일과 가정주부의 삶을 지루하게 느꼈다. 이는 뇌가 다른 목표를 추구하거나 다른 방식으로 행동하라고 정민 씨에게 보내는 신호였다. 하지만 정민 씨는 이 신호를 무시한 채 오랫동안 지내 결국 무기력에 빠졌다. 이처럼 흔하게 느낀다고 지루함을 대수롭지 않게 생각하면 무기력이라는 늪에 빠질 수 있다.

혹시 요즘 들어 지루함을 자주 느낀다면 적극적으로 해결 방법을 찾아보자. 새로운 목표를 세우고, 몰입할 무언가를 찾아보자. 지루함을 벗어나려는 과정에서 레고나 폴라로이드 카메라와 같은 창의적인 아이디어가 떠오를 수도 있지 않을까?

성실하고 도덕적일수록
무기력해지기 쉽다

―

어떤 행동이 내게 피해를 주지 않았어도 그 행동을 했다는 사실만으로도 불편함을 느낀 적 있는가? 학생이라면 열심히 공부했는데 목표한 성적이 나오지 않으면 실망하거나 아쉬울 수 있다. 공부를 쉬지 않고 오랫동안 하면 피로가 쌓여 공부를 그만하고 싶을 수 있다. 그러나 단지 공부를 했다는 사실만으로 불편함을 느끼지는 않는다. 그렇다면 만약 시험 기간에 게임을 했다면 어떨까? 공부를 하지 않고 게임을 했다는 사실만으로도 불편함을 느낀다. 시험 기간에는 공부하는 것이 적절한 행동인데, 게임을 하는 것은 이 상황에 맞지 않은 행동이라고 여기기 때문이다.

이처럼 우리의 믿음과 행동이 일치하지 않거나 상반될 때 느끼는 불편함을 '인지 부조화'라고 한다. 뇌과학자들은 우리가 인지 부조화를 경험할 때 어떤 뇌 부위가 작용하는지를 알아보았다. 트리니티대학교 연구진은 먼저 125명을 대상으로 일상생활을 하다가 인지 부조화를 경험하는 순간이 언제인지 조사했다. 그리고 조사된 항목을 바탕으로 연구 대상자 14명의 뇌에서 인지 부조화를 경험할 때 어떤 변화가 일어나는지 살펴보니 섬피질과 전대상피질이 활성화되는 것을 확인했다. 섬피질은 자기 인식, 공감, 대인관계에서 중요한 역할을, 전대상피질은 오류 찾기, 주의력, 동기부여에서 중요한 역할을 한다. 즉, 섬피질과 전대상피질이 우리의 행동을 모니터링하면서 우리의 믿음과 행동이 일치하지 않는 상황에서 불편감을 일으키는 신호를 만드는 것이다.[14]

˚ 인지 부조화의 좋은 영향력

인지 부조화는 일반적으로 자신에 대한 믿음과 행동이 일치하지 않을 때 경험한다. 그런데 여기서 자신에 대한 믿음은 스스로 생각하는 자신에 대한 이미지뿐 아니라 자신이 되고 싶은 모습을 포함한다. 그래서 자신이 하는 행동이 자신이 추구하는 모습과 다르다는 것을 인식할 때도 인지 부조화를 경험한다.

인지 부조화 경험은 우리를 긍정적인 방향으로 이끄는 힘이 되기도 한다. 인지 부조화를 경험하지 않기 위해 자신이 원하는 모습에 가까워지려고 노력하기 때문에 긍정적인 변화를 일으켜 개인의 성장을 촉진한다. 또한, 인지 부조화를 피하려는 노력은 개인이 일관된 행동을 하게 만들어 타인에게 믿음과 신뢰를 주고, 사회적 규범을 준수하게 만들어 사회 전체의 조화와 협력을 증진한다.

인지 부조화 실패로 인한 무기력

그러나 인지 부조화를 계속 경험하면 무기력에 빠지기 쉽다. 인지 부조화는 그 자체로 심리적 불편감을 유발하며, 이 불편감이 반복되거나 강하게 느껴지면 정서적인 소진과 스트레스 반응으로 이어진다. 앞서 설명했듯이 만성적인 스트레스는 편도체를 활성화하고 감정-보상 회로를 작동시키므로 결국 인지 부조화 역시 삶을 무기력하게 만드는 원인으로 작동한다.

또한, 인지 부조화를 해소하려는 노력이 계속 실패하면 무기력감으로 이어질 수 있다. 예를 들면, 음란물을 보는 것이 나쁘다고 생각하는 사람은 성적 충동 때문에 음란물을 볼 때마다 인지 부조화를 경험한다. 앞으로 음란물을 보지 않겠다고 다짐해놓고 결국 성적 충동을 이기지 못해 음란물을 다시 본다. 이처럼 행동을 바꾸려는 노력이 실패하고, 또 그 실패가 반복되면 스스로 변화할 수 없다고 느껴 동기부여가 감소하고 무기력감으로 이어진다. 이 같은 경험은 자기효능감까지 떨어트린다. 자기효능감이란 자신이 특정 행동을 성공적으로 수행할 수 있다는 믿음이다. 자기효능감의 저하 또한 우리를 무기력하게 만드는 원인이다.

마지막으로 인지 부조화를 경험하지 않으려고 인지 부조화가 예상되는 상황을 피하는 경향이 생길 수 있다. 책상에 앉아서 열심히 공부하는 자신의 모습을 기대하는 학생은 막상 책상에 앉으면 집중하지 못하는 자신을 발견할 때마다 인지 부조화를 경험하기 때문에 공부를 미루며 인지 부조화를 경험할 상황을 피하는 것이다. 하지만 이는 문제를 해결하기보다는 오히려 문제가 쌓이는 결과를 초래한다.

성실하고 도덕적일수록
인지 부조화를 더 많이 경험한다

인지 부조화는 누구나 경험할 수 있지만 특히 인지 부조화를 자주 경험하여 무기력에 빠지기 쉬운 사람들이 있다. 바로 강한 신념이나 가치관을 가진 사람들이다. 도덕적 신념이 강한 사람은 다른 사람들보다 더 도덕적으로 행동하지만 높은 도덕 기준에 미치지 못해 인지 부조화를 자주 경험한다.

또 근면성과 성실함을 중요한 가치로 여기는 사람일수록 무기력으로 인지 부조화를 크게 경험한다. 이런 사람은 시간을 소중히 여기고, 노력에 큰 가치를 부여하기 때문에 무기력으로 시간을 그냥 흘려보내는 자신의 행동 역시 편하게 받아들이지 못한다. 이때 인지 부조화가 유발한 무기력감은 더 큰 인지 부조화를 경험하게 만든다. 악순환의 고리에 빠지는 것이다. 이처럼 건강할 때는 자신을 빛나게 하던 강한 신념과 가치관이 무기력할 때는 오히려 강한 인지 부조화 경험을 유발한다.

인지 부조화로 인한 무기력의 악화를 막기 위해서는 무기력한 모습도 자신의 일부라는 것을 인정해야 한다. 자신도 때로는 무기력해지거나 아무것도 하기 싫거나 나태해질 수 있음을 인정하는 것이 무기력한 상태에서 경험할 수 있는 인지 부조화를 줄일 수 있다. 아이러니하지만 근면하고 성실해야 한다는 신념에서 벗어나야, 인지 부조화로 인한 무기력에서 벗어날 수 있다.

게으름은
빠르고 쉽게 습관이 된다

―

경미 씨는 누구보다 자신의 삶에 열정적인 여성이었다. 직장에서는 맡은 일에 최선을 다하고 퇴근 후에도 자신을 성장시키기 위해서 운동, 독서 등 자기계발에 힘썼다. 경미 씨는 스스로가 부지런하고 의지가 강하다고 생각했다.

어느 날 경미 씨는 회사 사정으로 직장을 그만두었다. 바로 다른 직장을 알아보기보다는 이번 기회에 잠시 쉬기로 했다. 매일 아침 정신없는 출근 전쟁을 하지 않아도 되는 것이 꿈만 같았다. 당분간은 아무 생각 없이 쉬면서 하고 싶은 것만 하면서 시간을 보내기로 했다. 늦잠을 자고 일어난 뒤에도 침대에 누워서 빈둥빈둥 시간을 보냈다. 그러다 지루해지면 넷플릭스에서 드라마를 몰아 보았고, 이마저 지루해지면 스마트폰을 보면서 시간을 보냈다. 수년간 바쁘게만 지냈던 터라 오랜만에 찾아온 여유가 나쁘지 않았다. 그동안 고생했던 자신을 위해서 당분간은 이렇게 지내는 것도 좋겠다는 생각이 들었다.

지난 직장 생활을 돌이켜보니 더 늦기 전에 다른 분야에 도전해보고 싶다는 마음이 생겼다. 몇 가지 분야를 알아보고 관련 자격증을 공부해서 따야겠다고 다짐했다. 직장 생활을 하면서 자격증 공부를 하기에는 어렵다고 판단하여, 간단한 카페 아르바이트를 시작하며 남은 시간에 공부를 시작했다. 오랜만에 하는 아르바이트는 나름 재미있었다. 근무 시간도 길지 않아 부담도 되지 않고 몸도 고되지 않았다. 함께 일하는 사장님도 잘 대해줘 마음도 편안했다. 그런데 집에 돌아와 씻기만 하면 자신도 모르게 침대에 눕게 되었다. 그리고 무기력하게 아무것도 안 하기 일쑤였다. 힘들게 책상에 앉아 동영상 강의를 들어도 강의에 집중하지 못하고 스마트폰을 찾았다. 처음에는 오늘만 쉬고 내일부터 제대로 하자고 마음먹었는데 하루 이틀 반복되니 어느덧 한 달이 흘러 있었다. 직장 생활을 할 때는 누구보다 부지런했는데 왜 이토록 게을러진 것이 이해가 되지 않았다. 무엇이 경미 씨를 무기력하게 만들었을까?

우리는 습관대로 행동한다

　우리가 하는 행동 중에는 특정 상황에서 우리도 모르게 반복하는 행동이 있다. 이를 습관이라고 한다. 텍사스 A&M 대학교의 연구에 따르면, 우리가 하는 행동 중 43%는 습관적인 행동이라고 한다.[15] 그만큼 많은 행동을 우리는 습관적으로 한다.

　습관은 삶을 효율적으로 만든다. 힘든 일도 습관이 되면 힘들이지 않고도 해낼 수 있다. 예를 들어, 매일 아침 더 자고 싶고 출근하기 싫어도 일어나 출근하는 것은 이러한 행동이 습관이 되어 있기 때문이다. 우리는 매일 아침 출근을 할지 말지 고민하여 출근을 결정하는 것이 아니라 습관적으로 이전부터 해오던 일을 행동으로 옮기는 것이다.

　우리에게 도움이 되는 행동을 습관으로 만들면 이는 우리를 성장시키고 힘든 상황에서 우리를 지켜준다. 대표적인 좋은 습관으로는 운동, 독서, 규칙적인 식습관, 수면 습관 등이 있다. 이와 반면에 어떤 행동은 습관이 되어 삶의 질을 떨어뜨리고 피폐하게 만들기도 한다. 지나친 음주나 흡연, 과도한 스마트폰 사용 등이 좋지 않은 습관의 예이다. 이를 갈망하고 탐닉하는 경우 중독이라 말하기도 한다.

　이처럼 습관에는 좋은 습관과 나쁜 습관이 있지만 경미

씨는 안타깝게도 게으른 행동이 습관이 되어 공부를 방해했다. 처음에는 오랫동안 열심히 일한 자신에게 주는 보상으로 내 몸이 원하는 대로 지냈지만, 오랜 시간 반복이 되면서 집에 있으면 나도 모르게 자동으로 눕게 되거나 별 볼 일 없는 일들로 시간을 보내게 되었다.

좋은 행동이 습관이 되기 어려운 이유

여러 뇌 부위 중 우리가 무슨 행동을 하는지를 유심히 지켜보는 영역이 있다. 바로 기저핵이다. 대뇌의 바닥 부분에 있어 바닥핵으로도 불리는 기저핵은 우리가 무슨 행동을 하는지를 지켜보다가 특정 상황에서 특정 행동을 반복하면 기억해둔다. 그리고 같은 상황에 반복한 행동을 자동으로 하게 만든다. 기저핵 덕분에 우리가 하는 행동 중에 상당수를 자동으로 할 수 있다. 만약 우리가 문을 열 때마다 문고리를 왼쪽으로 돌릴지 오른쪽으로 돌릴지 고민해야 한다면 일상생활이 상당히 불편해질 것이다. 우리가 무심코 하는 수많은 행동에는 기저핵의 습관 학습이 작용하고 있다.

기저핵이 습관을 만드는 데 중요한 역할을 하는 신경전

달물질이 있다. 바로 도파민이다. 습관은 기저핵과 대뇌피질을 연결하는 시냅스의 변화로 만들어지는데, 시냅스는 도파민이 분비되는 상황에서 더 활발하게 변화해 기저핵의 습관 형성을 촉진한다.[16] 우리가 도파민 분비를 유발하는 것들에 쉽게 중독되는 이유다. 중독을 일으키는 물질이나 행위와 함께 도파민이 분비되면 기저핵은 시냅스 변화를 통해 그 행동을 단시간 내에 습관으로 만드는 것이다.

문제나 과업을 회피하는 행동이 습관으로 굳어지는 데는 기저핵과 감정-보상 회로의 상호작용이 중요한 역할을 한다. 문제나 과업을 외면하거나 회피하는 행동은 불편한 감정을 피하게 하여 감정-보상 회로를 통해 도파민을 분비시킨다. 그리고 분비된 도파민은 기저핵의 습관 형성을 촉진한다. 그래서 유익한 행동은 쉽게 습관이 되지 않지만, 회피는 빠르게 습관이 되기 쉽다.

흥미로운 점은 습관이 형성된 뒤에는 습관을 행동으로 옮기는 데에 도파민이 필요 없다는 점이다. 과학자들은 다양한 방법을 통해서 도파민이 부족한 상황에서 습관 형성과 형성된 습관이 행동으로 잘 나타나는지 연구했다. 튀빙겐 대학교 연구진은 도파민 신경세포가 부족한 파킨슨 환자를 대상으로 연구를 진행했는데 그 결과 파킨슨 환자들은 새로운 습관을 학습하는 데는 어려움이 있지만, 기존에 익숙한 습관을 행동으로 옮기는 것은 문제가 없었다.[17] 또한, 동물 실험에서도 도파민 수용체를 막는 약물은 습관을 만드는 것을 막았지만, 기존에 만들어진 습관을 그대로 행하는 데에는 전혀 문제가 없었다고 한다.[18] 즉, 어떤 행동이 습관으로 만들어지면 도파민이 부족한 상황에서도 그 행동은 반복된다.

무기력한 행동은 습관이 되기 쉽다

한때는 부지런하였던 경미 씨가 어느 순간부터 게으른 행동을 반복하게 된 것은 무기력한 행동이 습관이 되었기 때문이다. 경미 씨가 직장 생활을 하면서도 퇴근 후에는 자기 계발에 열중할 수 있었던 것은 경미 씨의 의지도 중요했겠지만, 긍정적인 행동이 습관이 되었기 때문이다. 퇴근 후 운동이나 독서를 하는 것이 습관이 되어 있었기 때문에 피곤한 순간에도 이를 반복할 수 있었다. 그러나 퇴직 후에 몇 달간 집에서 쉬면서 기존에 있던 좋은 습관은 없어지고 누워 있거나 스마트폰을 하는 등 게으른 행동들이 습관이 되었다. 그리고 한 번 만들어진 게으른 습관은 경미 씨도 모르게 집에만 오면 반복되었다. 여러분

중에도 경미 씨처럼 무기력한 행동이 반복된다면, 기저핵이 이를 습관으로 만든 것은 아닌지 고민해보자.

앞서 살펴본 바와 같이 무기력한 행동들은 쉽게 습관이 될 수 있다. 그러므로 이런 행동이 반복되지 않도록 주의해야 한다. 이미 습관이 되었다면 다시 좋은 행동들이 습관이 되도록 여러 번 반복해야 한다. 무기력한 행동은 짧은 시간에도 습관이 되지만 일반적인 행동은 매일 석 달 동안 반복해야 습관이 된다고 한다. 힘들고 시간이 걸리더라도 좋은 행동들을 반복함으로써 무기력한 행동을 반복하는 패턴에서 벗어나보자.

하기 싫은 일을
하게 만드는 진짜 힘

―

고등학교를 졸업한 준영 씨는 수능 성적이 만족스럽지 않아 재수 생활을 시작했다. 재수를 결정하기까지 고민이 많았다. 재수를 해서 더 나은 대학을 갈 수 있을까 걱정이었지만, 그동안 아낌없이 지원해준 부모님을 기쁘게 해드리고 싶었고 친구들에게 인정받고 싶은 마음도 컸다. 보란 듯이 좋은 대학에 진학하여 부러운 시선도 받고 싶었다. 학벌 지상주의인 대한민국 사회에서 재수하더라도 좋은 대학에 가는 것이 삶의 안정을 주리라 기대하는 마음도 있었다.

재수 생활을 처음 시작할 때는 공부가 잘됐다. 딴짓하지 않고 열심히 공부했고, 그런 자신이 대견스러웠다. 그렇게 몇 달을 열심히 공부해 6월 모의고사를 치렀다. 6월 모의고사 결과는 예상보다 실망스러웠다. 그동안 공부한 것이 허무할 정도였다. 불현듯 수능에서도 성적이 비슷할까 봐 불안했다. 그 뒤로 공부가 손에 잘 잡히지 않았다. 공부하려고 하면 집중이 안 되고 머릿속에 잡념만 생겼다. 한 번 흔들린 마음은 다시 잡기 힘들었다. 공부 대신 스마트폰을 붙잡고 있는 시간이 많아졌다. 스마트폰을 한참 본 뒤에는 공부하지 않은 것에 대해 후회하고 자책했다. 다시 공부를 해보려고 해도 조금만 있다가 집중해서 하자는 생각 때문에 공부를 미룰 때가 많았다.

우리를 움직이게 하는 진짜 동기는 따로 있다

"저는 왜 해야 할 일을 안 할까요? 의지가 약한 건가요?"

진료실에서 하루에 한 번 이상은 듣는 질문이다. 많은 사람이 해야 할 일을 하지 못해 힘들어한다. 의지가 약한 탓이라고 생각해 정신을 차리고 힘을 내보자 다짐해도 또다시 해야 할 일을 미루거나 피해버린다. 그리고 자책한다. '나는 할 수 없어', '나는 부족해'라는 생각이 머릿속을 채우면서 자존감도 낮아진다. 과연 의지만 있으면 어려운 일이라도 최선을 다할 수 있을까? 아래 상황을 상상해보자.

여러분은 가족들과 함께 강가 근처에 있는 집에 살고 있다. 어느 여름날, 비가 억수같이 쏟아져 강의 수위가 많이 높아졌다. 혹시라도 강물이 범람하여 집을 덮치지는 않을까 걱정이 됐다. 그때 이웃집에 놀러 간 배우자가 비가 오니 자신을 데리러 오란다. 차를 타고 배우자를 데리고 집에 돌아오는데 이게 웬일, 집이 물에 반쯤 잠겨 있는 것이 아닌가? 강에서 물이 범람하고 있었고, 집 전체가 물에 잠길 수 있는 위험천만한 상황이다.

여러분은 집을 지키기 위해서 물에 반쯤 잠겨 있는 집으로 뛰어들 것인가? 아마 그러지 않을 것이다. 집으로 뛰어들어가도 집을 지킬 수 없을 뿐만 아니라 언제 집이 물에 다 잠길지 모르는 상황에서 그런 행동은 위험천만하기 때문이다. 집에 소중한 물건이 있다 해도 마찬가지다. 물에 잠겨 있는 집에서 물건을 찾기는 매우 어렵고, 그 물건이 아무리 소중해도 자신의 목숨보다 소중하지는 않기 때문에 집에 뛰어들지는 않을 것이다.

그런데 만약에 집 안에 여러분의 자녀가 있다면 어떻게 할 것인가? 아마도 여러분은 한 치 망설임도 없이 집으로 뛰어들 것이다. 물에 잠긴 집 안에서 자녀를 찾는 것이 아무리 어렵고, 목숨을 잃을 위험에 처하더라도 그 무엇보다 소중한 자녀를

구하기 위해 주저 없이 행동할 것이다.

어떤 행동을 할 때 어려움과 위험이 있다면 행동을 할지 말지 결정하는 것은 행동으로 얻을 수 있는 보상과 가치의 정도이다. 정말 소중한 것을 지키기 위해 혹은 얻기 위해서는 아무리 어렵고 위험하더라도 행동할 수 있다. 이처럼 무언가를 바라고 기대하면서 특정 행동을 하게 만드는 것을 '동기'라고 한다.

동기가 강하고 진정으로 원하는 것일수록 주저하지 않고 행동하지만, 동기가 약하고 나의 욕구와 멀수록 행동력은 떨어진다. 동기가 약하면 조금만 힘들거나 위험해도 행동을 주저하거나 포기한다.

우리가 처음 어떤 일을 할 때는 그 행동을 가로막는 힘이 크지 않다. 하지만 앞서 살펴보았듯이 어떤 행동을 하면서 계속 스트레스를 받거나, 결과를 통제하지 못하거나, 지루함을 느끼는 경우 행동을 막는 힘은 점점 커진다. 이러한 상황에서 동기마저 약하면 일을 자꾸만 미루게 된다. 그러므로 무언가를 하려고 할 때마다 무기력해지고 자꾸 미루게 된다면, 이 일을 통해 내가 무엇을 얻고자 하는지 다시 한번 살펴봐야 한다. 헬스장에 가는 것을 계속 미루고 있다면 운동으로 내가 이루고자 하는 목표가 무엇인지 돌이켜봐야 한다. 책을 펼 때마다 집중이 되지 않는다면, 왜 책을 읽어야 하는지 생각해봐야 한다.

내적 동기와 외적 동기

동기는 내적 동기와 외적 동기로 나뉜다. 내적 동기는 행동 자체에서 즐거움이나 만족을 얻을 때 발생한다. 이는 개인의 흥미, 호기심, 도전 욕구 등에서 비롯되며, 외부 보상 없이도 스스로 행동을 하게 만든다. 예를 들어, 어떤 사람이 그림 그리는 것을 좋아해서 시간이 날 때마다 그림을 그린다면, 이는 내적 동기에 의해 이루어진 행동이다. 내적 동기는 지속 가능성이 크고, 자기 주도적인 학습과 창의적인 활동을 촉진하는 데 중요한 역할을 한다.

외적 동기는 금전적 보상, 명예, 칭찬, 인정 등 외부의 보상을 얻기 위해서 또는 처벌과 비난을 피하기 위해서 유발되는 동기이다. 예를 들어, 성적을 잘 받기 위해 공부를 열심히 한다거나 상사에게 칭찬받기 위해 업무를 열심히 수행하는 경우다. 외적 동기는 목표 달성에 대한 명확한 보상이 주어지기 때문에 단기적인 성과를 높이는 데 유리하지만, 내적 동기만큼의 지속성을 가지지 못할 수 있다는 단점이 있다.

나 역시 글을 쓰기 싫을 때가 있다. 자료를 찾는 것이 귀찮게 느껴지거나 글쓰기가 막히면, '오늘 하루만 쉬자'라는 생각이 들곤 한다. 그럴 때마다 무조건 나를 채찍질하기보다는 글을 쓰는 동기가 무엇인지 다시 생각해본다. 나의 가장 큰 동기는 내적 동기에서 나온다. 뇌과학에 대한 흥미와 새로운 지식을 정리하는 과정에서 즐거움을 느끼기 때문이다. 뇌가 사람들의 사고와 감정, 행동에 어떻게 영향을 미치는지 알아가는 것은 나에게 지적 호기심을 자극하는 일이다. 그래서 글을 쓰다가 막히더라도 흥미로운 연구를 접하면 다시 집중할 수 있다.

때로는 외적 동기가 작용하기도 한다. 글을 통해 남들에게 인정받고 싶은 욕구가 일어나는 것이다. 그러나 이는 오히려 부담이 되어 글쓰기를 피하게 만든다. 게다가 '내 글을 몇 명이나 읽을까? 의미가 있을까?'라는 부정적인 생각이 글쓰기를 가로막기도 한다. 그래서 나는 글을 쓰기 힘들 때마다 내적 동기인 흥미와 재미를 떠올리며 글쓰기에 대한 부담감에서 벗어나려고 한다.

내적 동기와 외적 동기는 각각의 장단점이 있으며, 이 둘을 적절히 활용하는 것이 필요하다. 그런데 해야 할 일을 미루거나 피하는 사람들의 이야기를 들어보면 많은 경우 내적 동기보다는 외적 동기가 주된 동기인 경우가 많다. 좋은 대학에 들어가 부모와 친구의 인정을 받고자 재수를 결정하는 경우, 처음에는 외적 동기들이 행동을 이끌지만 얼마 지나지 않아서 공부하는 것이 힘들어지고 하기 싫어지는 경우가 많다.

그러므로 무언가를 하기로 다짐할 때 어떤 동기들이 있는지, 그 동기들이 힘들거나 불안한 상황에서도 행동을 이끌 수 있을지를 진지하게 생각해보자. 확실하고 강한 동기가 있다면 어떤 상황과 어려움에도 하고자 하는 일을 행동으로 옮길 수 있을 것이다.

삶의 터닝포인트가 되는 무기력

—

대기업 15년 차 직장인인 윤호 씨는 하루하루가 버겁기만 하다. 어릴 적부터 윤호 씨는 전형적인 모범생이었다. 부모님의 말에 순종했으며 누구보다 열심히 공부했다. 좋은 성적으로 대학에 진학하고, 졸업 후에는 남들이 부러워하는 대기업에 입사했다. 입사 후에도 누구보다 열심히 일했다. 무엇이든지 시키는 일이라면 최선을 다했고 야근과 주말 근무도 마다하지 않았다. 상사들은 순종적인 윤호 씨를 마음에 들어 했고, 어렵거나 힘든 일이 있으면 윤호 씨에게 맡기곤 했다. 성실함과 상사들의 좋은 평가 덕분에 윤호 씨는 승진 가도를 달렸다.

윤호 씨는 어려운 일들을 고생 끝에 마무리 짓고 상사에게 인정받는 것이 좋았다. 물론 몸이 힘들 때도 많았다. 때로는 집에서 편히 쉬고 싶고, 친구들도 만나고 싶고, 좋아하는 취미 생활도 하고 싶었다. 하지만 하고 싶은 것을 하느라 해야 할 일을 못 해서 상사로부터 질책을 받지는 않을까 하는 두려움이 늘 있었다. 주로 칭찬과 인정을 받을 때가 많았지만 한순간의 실수로 자신이 쌓은 신뢰가 망가지지 않을까 하는 걱정이 마음 한 구석에 있었다. 시키는 일이라면 군말 없이 따르는 윤호 씨에게 때로는 상사가 무리한 지시를 할 때도 있었다. 윤호 씨 입장에서는 부당하다고 느끼는 일들도 윤호 씨는 거절하지 못했다. 마음속으로 화가 나도 그저 참고 해야 할 일을 묵묵히 하곤 했다. 처음에는 윤호 씨를 칭찬하고 인정하던 상사들도 언젠가부터 윤호 씨의 노력을 당연히 여기며 그 이상을 요구했다.

윤호 씨는 언제부터인가 자신의 삶이 쳇바퀴 굴러가는 삶처럼 의미 없이 느껴졌다. 이전에는 열정적으로 하던 일들이 더 의미 없이 느껴지기만 했다. 간단한 업무를 하는 것도 힘이 들고 집중이 되지 않았다. 회의에도 적극적으로 참여하지 않고, 시키는 일만 마지못해 하는 수준에 머물렀다. 윤호 씨는 그런 자기 자신이 답답하게 느껴졌으나 마음을 다시 고쳐먹어도 이전처럼 힘을 내서 일할 수가 없었다.

삶의 방식을 바꾸는 계기는 다양하다

　살다 보면 삶의 터닝포인트가 찾아온다. 이때 우리는 삶을 돌아보며, 자신을 다시 살피고 이전과 다른 방식으로 삶을 살아간다. 인생이 잘 풀리고 하던 일이 잘될 때는 삶의 방식을 바꾸지 않는다. 삶의 터닝포인트가 되는 시점은 주로 삶의 문제가 생겼을 때, 삶이 내 마음대로 되지 않을 때이다. 기존의 방식으로는 현재 상황을 개선할 수 없을 때 우리는 현재 상황과 자신의 자원을 살펴보고 앞으로 어떻게 행동할지 고민한다.

　삶의 방식을 바꾸는 것은 어렵다. 우리의 뇌는 익숙한 행동을 선호한다. 주변에서 젓가락질을 독특하게 하는 사람을 본 적 있을 것이다. 그들은 주변에서 젓가락질을 바꿔보라고 해도 이 방법이 편하다며 거부한다. 바꾸려고 시도해봐도 불편해서 금방 이전 방법으로 돌아가곤 한다. 나 역시 어릴 때 독특한 방법으로 젓가락질을 했다. 부모님께서는 젓가락질을 바꾸라고 꾸짖었지만, 부모님께서 제안한 방법을 시도하면 오히려 밥 먹는 것이 불편했다. 남들이 보기 이상해도 익숙한 방법이 나에게는 좋았다. 그러던 어느 날, 내 젓가락질을 보던 친구가 젓가락으로 콩을 옮기는 시합을 해보자고 했다. 나름대로 젓가락질에 자신이 있었던 나는 흔쾌히 수락하였고 바로 시합을 시작했다.

결과는 나의 참패였다. 나에게 익숙한 젓가락질은 나에게는 편하고 익숙한 방법이었지만, 올바른 젓가락질에 비교해서는 효율이 매우 떨어졌다. 그 날 이후 나는 바로 젓가락질을 바꿨다. 처음에는 어색하고 밥 먹을 때 불편했지만, 시간이 지나자 점차 익숙해져 새로 익힌 젓가락질로 이전보다 편하고 쉽게 식사할 수 있었다. 이처럼 익숙한 행동을 바꾸기는 쉽지는 않지만 어떤 계기가 있다면 새로운 방식으로 행동할 수 있다.

우리의 삶과 행동을 바꾸는 계기는 다양할 수 있다. 해결하기 힘든 문제에 마주쳤을 때일 수도 있고, 나의 경험처럼 누군가에 의해 나의 부족한 점을 자각하게 되었을 때일 수도 있다. 그리고 역설적이게도 무기력 또한 우리의 행동을 변화시키는 계기가 된다.

ᐤ 보상이 약해진 행동은 하기 싫어질 수밖에 없다

우리는 의식하지 못하지만 뇌는 행동이 주는 보상을 끊임없이 평가한다. 우리는 어떤 행동을 할 때마다 이에 걸맞은 욕구가 채워지기를 기대하면서 행동하는데, 이때 뇌는 행동의 결과가 기대한 만큼 보상을 주었는지를 평가한다. 그리고 기대한 만큼 혹은 기대 이상의 보상을 준 행동은 더 많이 하도록 하고, 기대에 미치지 못한 행동은 덜 하도록 한다. 여기에서 보상이란 목마름, 배고픔 등 신체 욕구를 만족시키는 것부터 누군가에 인정받거나 사랑받는 등 사회적 욕구까지 다양하다.

어떤 행동이 기대한 만큼의 보상을 계속 주지 않는다면 그 행동을 하려고 할 때 무기력해지고 하기 싫어진다. 무기력은 뇌가 이전과 다른 행동이 필요함을 알리는 신호이다.

앞서 사례에서 소개한 윤호 씨는 착하고 순종적인 사람이다. 이러한 성격을 갖게 된 가장 큰 원인은 타인에게 인정받고자 하는 욕구일 것이다. 누구에게나 다른 사람에게 인정받고 싶은 마음이 있지만, 윤호 씨는 그 마음의 크기가 남들보다 컸다. 직장 생활을 처음 시작할 때는 열심히 일하고, 지시에 무조건 순종하는 방식으로 주변으로부터 인정을 받았다. 하지만 시간이 지나면서 윤호 씨의 행동은 주변 사람들에게는 어느덧 당연해져 예전처럼 인정받기는 어려워졌을 것이다. 이제는 단순히 회사 생활을 열심히 하는 것만으로는 만족을 경험하기 어려워져 윤호 씨의 뇌는 무기력이라는 신호를 통해 행동의 변화를 요구하고 있었다.

윤호 씨의 경우 주변 사람들과의 관계에 대해서도 생각해봐야 한다. 많은 사람이 순종적인 윤호 씨를 좋아했다. 특히 일을 시키는 상사로서는 군소리 없이 일을 해내는 윤호 씨가 마음에 들었을 것이다. 하지만 한 명은 지시하고 상대방은 따르기만 하는 관계는 좋은 관계는 아니다. 이러한 관계가 계속 이어지면 관계를 유지하기 위해 자신의 욕구를 무시하거나 억압하는 일이 지속되어 결과적으로 무기력이 찾아온다. 자유롭게 의견을 교환하면서 서로에게 이익이 되는 긍정적인 결과를 만들어내는 것이 성숙한 관계이다. 이런 면에서 윤호 씨가 타인과 관계를 맺고 이어가는 방식에 대해서도 살펴보고 개선하는 것이 필요하다.

무기력은 변화를 요구하는 신호탄

언제부터인가 무기력이 지속되고 벗어나기 힘들다면, 변화를 요구하는 뇌의 신호는 아닌지 생각해야 한다. 익숙한 것에서 벗어나 변화하는 것이 누구나 무섭고 두려울 수 있다. 단기적으로 보았을 때 변화는 고통을 유발하는 경우가 많기 때문이다. 하지만 그 고통의 시간을 견디면서 옳은 방향으로 변화할 때 우리는 성장할 수 있고 삶의 터닝포인트를 맞이할 수 있다. 그 변화가 두려워서 회피하기만 한다면 삶은 점점 무기력해질

지도 모른다.

앞서 소개한 윤호 씨도 시행착오를 경험하면서 변화하였고, 결국은 무기력을 극복했다. 회사 사람들에게 인정받기 위해 노력하기보다 소중한 가족들로부터 인정받기 위해 시간과 에너지를 썼다. 아내를 비롯한 가족들의 반응은 윤호 씨에게 큰 만족감을 주었다. 무리한 요구를 하는 상사나 지인에게는 거절과 싫은 소리도 하게 되었다. 그러자 관계가 오히려 편해졌고 남을 위해 자신의 욕구들을 희생할 필요가 없어졌다. 물론 그 과정이 간단하지만은 않았다. 윤호 씨에게도 익숙한 것을 버리고 변화하는 것은 두렵고 고통스러웠기 때문이다. 하지만 윤호 씨는 이를 견뎌내고 변화에 성공했다.

익숙한 것에서 벗어나 변화하기는 쉽지 않다. 그러나 일시적인 불편과 고통을 견뎌내면서 올바른 방향으로 변화할 수 있다면 우리는 무기력에서 벗어날 수 있다.

**나는 왜 아무것도
하기 싫을까?**

제2장

무기력이 먼저인가, 중독이 먼저인가

무기력, 중독, 회피
심리의 상관관계

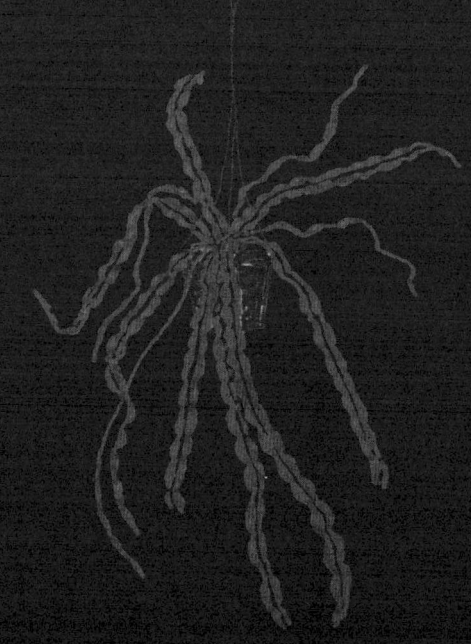

• Why Don't I Want to Do Anything?

중독은 도파민 시스템을 변화시킨다

 무기력에 대해 계속 이야기하다가 갑자기 중독이라는 주제가 등장해 의아할지 모른다. 하지만 무기력과 중독은 매우 밀접한 관계가 있다. 무기력한 상태에서는 무언가에 중독되기 쉬우며, 중독은 무기력을 악화시킬 수 있다. 그리고 이 둘은 악순환의 고리를 만들어 헤어나오기 어려운 늪에 빠트릴 수 있다.
 무언가에 중독된 상황에서는 중독을 해결하지 않는 한 무기력을 호전시키는 방법들이 소용이 없다. 그렇기 때문에 다른 방법들을 시도하기 전에 중독 문제부터 해결해야 한다. 만약 무기력을 이겨내려고 다양한 시도를 했지만 큰 효과를 얻지 못

했다면 중독과 관련된 이번 장을 주의 깊게 읽어보기를 권한다. 중독 문제의 해결이 무기력에서 벗어날 뜻밖의 열쇠가 될 수도 있다. 그럼 지금부터 무기력과 중독은 서로 어떠한 영향을 주는지 살펴보자.

도파민 시스템을 변화시키는 중독

　무기력은 상당히 고통스러운 경험이다. 무기력 자체도 힘들지만 무기력한 자신의 모습과 이상적인 자신의 모습의 차이로 자책하게 되어 더 힘들다. 게다가 다양한 시도에도 무기력에서 벗어나지 못하면 더욱 더 좌절한다. 이렇게 무기력함에 빠져 허우적거릴 때 중독이 찾아온다. 중독된 물질을 섭취하거나 중독된 행위를 함으로써 잠시나마 무기력에서 벗어나는 경험을 하면 점점 더 그 대상에 의존하게 된다.
　우리가 무기력에 빠졌을 때 중독에 빠지기 쉬운 이유는 중독 행위가 뇌에 미치는 영향 때문이다. 중독을 일으키는 물질이나 행위는 자극적인 경우가 많고 일상적으로 주어지는 자극에서 경험할 수 없는 뇌의 변화를 일으킨다. 다양한 변화 중에 가장 중요한 변화는 도파민 시스템의 변화이다.

중독에서 특정 물질이나 행동을 강하게 원하고, 이를 얻지 못했을 때 심리적 혹은 신체적 불편함을 느끼는 상태를 '갈망'이라 정의한다. 갈망은 중독의 핵심 증상 중 하나로 특정 자극에 대한 강한 욕구와 집착을 동반한다. 중독된 대상을 갈망할 때 뇌의 도파민 신경들이 활성화되는데, 이는 전두엽을 포함한 대뇌피질의 활성화로 이어져 감소했던 의욕과 동기가 높아지고 각성도와 주의력이 향상된다. 중독된 대상을 갈망할 때의 뇌의 변화는 무기력을 경험하는 사람에게는 마치 가뭄의 단비와 같다. 일시적이지만 무기력이 호전되는 경험은 중독 대상을 무기력의 해결법으로 착각하게 만들기도 한다.

문제는 이러한 뇌의 변화가 지속적이지 않다는 점이다. 중독된 대상을 갈망할 때 일시적으로 활성화되었던 도파민 시스템은 얼마 지나지 않아 다시 원래 상태로 돌아온다. 중독 행위를 통해 무기력에서 잠시 벗어났더라도 도파민 시스템이 원래 상태로 돌아오면 다시 무기력을 경험하게 된다.

그런데도 잠시나마 무기력에서 벗어났던 그 경험이 머릿속에 잔상으로 남아 중독 행위를 반복하게 된다. 그렇기에 중독은 누구에게나 위험하지만 무기력을 경험하는 사람들에게는 더 위험한 대상이다.

중독에 빠지면 모든 것이 따분해진다

중독의 무서운 점은 중독 자체가 도파민 시스템을 변화시켜 무기력이 악화될 수 있다는 것이다. 중독 행위가 반복되면 도파민 시스템은 구조적 그리고 기능적으로 변화한다. 중독 물질이나 행위는 도파민 신경을 활성화해 도파민의 과도한 분비를 유발하는데 이것이 반복되면 도파민에 반응하는 도파민 수용체가 감소한다. 도파민 수용체가 줄어들면 도파민이 분비되어도 효과는 줄어든다. 즉, 중독이 심해지면 도파민이 제대로 작용하지 못한다는 것이다. 예전에는 작은 자극만으로도 도파민이 분비되어 전두엽 기능이 활성화되었다면, 중독이 심해지면 같은 자극을 받아도 예전처럼 긍정적인 효과를 얻기 어려워진다.[19]

실제로 중독 환자들은 일상 속에서 경험하는 자연스러운 자극에서 별다른 감흥을 느끼지 못한다. 음식을 먹는 행위, 가족이나 지인들과 나누는 일상의 대화가 중독 환자들의 관심을 끌지 못한다. 중독 환자들은 자극적인 중독 대상을 통해서만 도파민 시스템의 활성화에 의한 각성, 동기부여, 의욕 증가를 경험한다. 일상의 자연스러운 보통의 자극으로는 더는 동기부여가 되지 않고 의욕이 생기지 않기 때문에 일상의 생활이나 해야 할 일을 하는 것이 따분하고 지루하고 힘들게 느껴진다.

이 상태에서는 중독을 해결하지 않는 한 무기력을 해결할 방법은 없다. 그것이 무기력을 다루는 이 책에서 한 장을 할애하여 중독에 대해서 살펴보고자 하는 이유이다.

중독에 빠진 뇌부터 회복하라

다행인 점은 중독으로부터 멀어질수록 뇌는 점차 원래 상태로 되돌아간다는 것이다. 중독을 일으키는 물질의 섭취를 제한하고 중독된 행위를 중단하면 뇌의 도파민 시스템은 점차 회복된다. 감소하였던 도파민 수용체가 다시 증가하면서 일상의 자연스러운 자극에도 도파민 시스템이 작동한다. 이전에는 감흥이 없던 것들에 주의를 기울이게 되고 동기와 의욕을 불러일으키면서 무기력감으로부터 회복이 가능한 상태가 된다.

베이징 사범대학교와 푸단 대학교 공동 연구진은 양전자 단층 촬영 기법을 통해서 헤로인에 중독된 환자들의 도파민 수용체의 변화를 확인했다. 정상 성인과 비교하였을 때, 헤로인 중독자들은 도파민 수용체가 약 30%까지 감소한 상태였다. 헤로인의 사용량이 많을수록 그리고 헤로인에 중독된 기간이 길수록 도파민 수용체가 매우 감소하였다. 헤로인을 끊은 뒤, 3개월, 6개월, 1년 뒤 도파민 수용체의 변화를 확인하였을 때, 시간이 흐를수록 도파민 수용체가 차츰 증가하여 정상에 가까워지는 결과를 보였다.[20] 중독은 도파민 시스템을 변화시키지만, 중독에서 벗어나면 도파민 시스템이 다시 회복될 수 있음을 보여주는 연구이다.

마약이 도파민 시스템에 미치는 영향만큼은 아니지만, 모든 중독은 도파민 시스템의 변화를 일으킨다. 이와 같은 중독에서 벗어나서 정상적인 뇌의 모습을 회복하는 것이 무기력 극복의 첫걸음이다. 중독에 빠질수록 일상적인 삶은 점점 더 무기력하게 느껴질 것이고, 중독에서 빠져나올수록 삶은 점차 활기를 되찾을 것이다. 이를 꼭 기억하자.

무한대의 시간을 빼앗는
중독 사회

―

 많은 사람이 자신은 무언가에 중독되어 있지 않다고 생각한다. 흔히 중독자라고 하면 일상생활이나 업무, 인간관계에 어려움을 겪을 만큼 심각한 모습을 떠올리기 때문이다. 하지만 현대 사회는 아주 교묘한 방식으로 사람들을 중독시키므로, 이미 무언가에 중독된 상태이지만 그 사실을 인지하지 못하는 경우가 많다.
 과거의 중독 대상은 술, 담배, 마약 등이었기에 중독 행위를 하려면 돈이 필요했다. 중독자들에게 중독 행위를 지속하는 것은 경제적 부담이 되었고, 오히려 그 덕분에 중독에 취약할 수밖에 없는 계층의 사람들은 중독으로부터 보호될 수 있었다. 정부가 중독을 일으키는 물질의 구매 가격을 올리는 것 또한 중독자를 줄이는 데 효과적으로 작용했다. 중독 행위를 위해 돈을 쓰는 것은 중독자 대부분에게 경제적 부담을 주었고, 그럼에도 불구하고 중독 행위를 반복하는 경우 중독이라 규정하기가 쉬웠다.

˚ 무엇을 잃어버렸는지도 모른 채
중독되어가는 사람들

과거에는 중독 대상을 구하기 위해 돈을 지급해야 했다면, 최근의 중독 대상들은 돈을 요구하지 않는다. 우리는 별도의 비용을 지급하지 않고 유튜브, 틱톡과 같은 영상 플랫폼을 이용하여 수많은 영상을 시청할 수 있으며, 인스타그램, 페이스북 같은 소셜 미디어 플랫폼을 이용할 수 있다. 예전에는 구독료를 지급하고 읽을 수 있던 뉴스들도 언제 어디서나 무료로 볼 수 있다.

이러한 플랫폼을 운영하는 기업들은 이전의 기업들처럼 제품을 판매하지 않는다. 대신 수익 대부분을 디지털 광고를 통해 얻는다. 플랫폼 운영 기업이 더 큰 이익을 얻으려면 더 많고 더 효과적인 디지털 광고를 하는 것이 필요한데, 이를 위해서 가장 중요한 요소가 플랫폼의 이용자 수와 사용 시간이다. 더 많은 사람이 더 오래 플랫폼을 사용할수록 기업들은 더 많은 광고 수익을 올릴 수 있다.

플랫폼 기업들은 사람들의 관심을 끌고, 더 오래 서비스를 사용하도록 유도하기 위해 다양한 전략을 개발해왔다. 이 과정에서 AI 기술과 뇌과학을 결합하여 사용자들이 점점 더 오랜 시간 플랫폼에 머물게 하는 데 성공했다.

이제 사람들은 이전과 같이 중독 대상에 돈을 지급하지는 않지만, 새로운 중독 대상에 자신의 시간을 지급한다. 과거 중독 행위를 위해 돈이 필요한 상황이 중독에 취약한 계층을 중독으로부터 보호해주는 역할을 하였다면, 중독 행위를 위해 시간을 지급하는 최근의 상황에서는 부모의 관리를 받지 못하는 아이들, 1인 가구, 다른 여가 생활을 할 경제적 여유가 없는 사람들이 비디오, SNS, 뉴스, 게임 중독에 취약하다.

새로운 중독 대상들의 특징은 중독 행위를 통해 잃는 것이 눈에 보이지 않는다는 점이다. 돈은 눈에 보인다. 현금을 지급하지 않더라도 우리는 일정 금액을 소비하면, 실제 존재하는 재산을 잃어버렸다는 것을 영수증이나 카드명세서, 통장 잔고의 변화를 통해 인지한다. 술이나 담배를 살 때, 우리는 명확하게 얼마의 돈을 지급했는지 알고, 기억한다. 그렇기 때문에 반복해서 돈을 쓰게 하는 중독 행위를 문제라고 여긴다.

그러나 시간은 눈에 보이지 않는다. 그렇기에 중독 행위로 많은 시간을 허비하더라도 무언가를 잃어버렸다고 생각하지 않는다. 대부분 자신이 얼마나 많은 시간을 영상, SNS, 뉴스를 보는 데 사용했는지 모른다. 스마트폰을 활용하여 수시로 애플리케이션을 사용하기 때문에 사용 시간을 측정하는 애플리케이션을 별도로 활용하지 않는 한 알기 어렵다.

과거 텔레비전으로 드라마나 뉴스를 시청할 때는 해당 프로그램이 방영되는 시간이 정해져 있으므로 텔레비전을 시청한 시간을 대략적으로 알 수 있었다. 그러나 스마트폰의 보급으로 수시로 애플리케이션을 통해 비디오, SNS, 뉴스를 보게 되었고, 이제는 시간을 측정하는 것이 어려워졌다. 중독 행위를 하기 위해 많은 시간을 대가로 지급하였어도, 시간을 허비했다고 생각하지 않는다. 설령 이를 인지하더라도, 시간은 돈과 다르게 무한하다는 믿음으로, 오히려 시간을 대가로 재미, 새로운 지식 등을 얻었다고 여기고 만족한다. 그래서 우리는 시간을 지급하는 중독을 문제라고 생각하지 않는다.

중독이 불러온 시간 왜곡 현상

중독 행위에 소모한 시간을 정확하게 인지하지 못하는 것도 중독에 영향을 준다. 양밍 대학교 연구진에 따르면 스마트폰의 실제 사용 시간과 스마트폰 사용자가 느끼는 시간은 차이가 크다고 한다. 연구진은 79명의 젊은 성인을 대상으로 본인이 보고한 스마트폰 사용 시간과 애플리케이션을 통해 측정한 스마트폰 사용 시간을 비교했다. 그 결과 연구 참여자들은 일주일에 20시간 정도를 스마트폰을 사용한다고 보고하였지만, 실제로 일주일 동안 스마트폰을 사용한 시간은 29.39시간이었다. 실제 스마트폰 사용 시간보다 약 30% 적게 사용한다고 느낀 것이다.[21]

이처럼 시간의 흐름을 객관적으로 정확히 인식하지 못하고 주관적으로 왜곡된 방식으로 느끼는 현상을 시간 왜곡time distortion이라 한다. 중독 상태에서는 사용자가 시간의 흐름을 제대로 인식하지 못하거나 왜곡된 방식으로 인식하는 경향이 나타나는데, 스마트폰 중독뿐 아니라 게임 중독, 인터넷 중독, 약물 중독 등 다양한 형태의 중독에서 공통으로 발견되는 현상이다.

중독 상태에서 시간 왜곡은 주로 두 가지 형태로 나타난다. 첫 번째는 시간 경과의 과소평가이다. 중독 대상에 몰입하는 동안에 실제로 흐른 시간보다 짧게 시간이 흘렀다고 느끼는 경향이 있다. 두 번째는 시간 경과의 과대평가로, 중독 대상에 접근하지 못할 때 시간이 더 느리게 흘러간다고 느끼는 현상이다. 이는 갈망과 불안이 작용한 결과로, 시간 감각이 왜곡되어 지나치게 길게 느껴지는 것이다.

　　시간 왜곡은 몰입 상태와도 깊이 연결되어 있다. 중독 대상이 지속적인 자극을 제공하는 경우 사용자는 몰입 상태에 들어가기 때문에 주관적인 시간 감각이 약화한다. 반대로 중독 대상에서 멀어졌을 때는 시간이 지나치게 느리게 흘러간다고 느껴, 갈망과 불안이 증가할 수 있다.

　　이러한 시간 왜곡의 뇌과학적 배경은 다음과 같다. 중독 상태에서는 전두엽의 자기조절 기능이 저하되는데 이는 시간 인식과 관련된 의사결정 능력을 약화시킨다. 또한, 중독 대상에 접근했을 때 뇌의 보상 시스템이 과활성화되면, 도파민 분비가 지나치게 증가하여 시간과 관련된 신경 회로의 균형을 깨뜨리고, 해마와 내측 전두엽과 같은 시간 인식에 중요한 뇌 영역도 과도한 자극의 영향을 받아 왜곡된 시간 감각을 유발한다.

시간을 돈으로 환산한다면 얼마일까?

여러분은 시간을 어디에 쓰고 있는가? 혹시 특정 행위를 반복하는 데 시간을 쓰고 있지는 않은가? 돈을 쓰지 않기에 문제가 아니라고 생각했다면 여러분의 시간은 돈으로도 바꿀 수 없는 소중한 자산임을 기억해야 한다.

시간의 소중함이 크게 와닿지 않는다면 자신의 급여를 기준으로 시간을 돈으로 환산해보자. 예를 들어, 1시간에 2만 원을 버는 사람이 하루 3시간 유튜브를 시청한다면, 유튜브를 시청하는 데 하루 6만 원을 지급하는 것과 마찬가지이다. 매일 3시간씩 시청한다면 한 달에 90시간으로, 돈으로 환산하면 180만 원이다. 물론 90시간 동안 재미를 느끼고 새로운 것들을 알게 되었다고 생각할 수 있지만, 과연 그것이 180만 원의 가치가 있을지는 고민해봐야 한다. 이런 방식으로 내가 소비한 시간과 비용을 함께 고려한다면, 더욱 합리적으로 시간을 관리할 수 있다.

또한 스마트폰 사용 시간을 측정할 수 있는 기능들을 활용해보자. iOS는 '스크린 타임', 안드로이드는 '디지털 웰빙'에서 디지털 건강 관리 기능을 제공한다. 애플리케이션별 사용 시간을 알 수 있고, 필요한 경우에는 애플리케이션별 제한 시간을 지정할 수 있다. 이 기능들을 효과적으로 활용한다면 자신의 스마트폰 중독 정도를 파악하고 중독에서 벗어나는 데 큰 도움이 될 것이다.

불안과 걱정을 피해
스마트폰으로 숨는 사람들

―

중독에서 벗어나려면 중독 행위를 이해하여야 한다. 어떤 동기가 중독 행위를 유발하는지, 어떤 상황에서 중독 대상을 갈망하게 되는지, 중독 행위가 중독자에게 무엇을 보상으로 주는지 등 중독에 대해 깊이 이해할수록 답에 가까워질 수 있다. 따라서 무언가에 중독된 환자가 진료실을 찾으면 이에 대해 깊이 있게 이해하고자 함께 노력한다.

그런데 중독 행위에 대해서 많은 사람과 이야기하다 보면 그들의 행위가 단순히 쾌감이나 즐거움을 얻기 위한 것이 아닐 때가 있다. 오히려 그들은 중독 행위를 통해 무언가를 피하고자 한다. 과거에 있었던 불쾌한 기억일 때도 있고, 미래에 해결해야 할 골치 아픈 일들일 수도 있으며, 또는 지금 해야 할 일에 대한 생각일 수 있다.

생각들을 피해 스마트폰으로 숨다

현주 씨가 처음 병원을 찾은 이유는 불면 때문이었다. 밤이 되면 잠이 오지 않아 건강기능식품도 먹어봤지만 도움이 되지 않았다. 한 번은 약국에서 수면유도제를 사서 먹어봤는데 잠드는 데 도움은 되었지만 다음 날 아침에도 계속 졸려서 일할 수가 없었다. 결국 전문가의 도움이 필요하다고 판단해 병원을 찾았다.

불면증을 호소하는 분들을 진료할 때 평가하는 것 중 하나가 수면 위생이다. 잠에 영향을 줄 수 있는 잘못된 습관이나 행동이 있는지를 평가하는 것이다. 현주 씨의 경우 퇴근 후부터 자기 직전까지 스마트폰을 사용한다고 했다. 늦은 저녁, 자려고 불을 끈 뒤에도 침대에서 스마트폰을 사용하는 습관이 있었다. 스마트폰으로 이것저것 하다 보면 잠이 몰려오는 순간이 찾아왔고 그때 스르륵 잠이 들었다. 문제는 최근에는 아무리 오랫동안 침대에서 스마트폰을 하며 시간을 보내도 졸리지 않는다는 것이었다. 그러다 보면 새벽 1시를 훌쩍 지나버렸다.

현주 씨는 지나치게 많은 시간을 스마트폰을 사용하며 보냈다. 그리고 이는 수면 위생을 헤쳐 불면증을 일으키고 있었다. 현주 씨의 스마트폰 사용에는 다양한 요인들이 작용했지만, 자기 전에 스마트폰을 사용하는 가장 큰 이유는 머릿속에 드는 복잡한 생각들 때문이었다. 스마트폰 화면을 보고 있을 때는 복잡한 생각들에서 벗어날 수 있지만, 스마트폰을 덮는 순간 온갖 생각들이 머리를 가득 채웠다. 생각들은 대개 현주 씨의 마음을 불편하게 하는 것들이었다. 오늘 있었던 기분 나쁜 일, 내일 해야 할 부담스러운 일에 대한 생각은 현주 씨의 마음을 심란하게 만들었다. 스마트폰 속 세상은 이러한 생각으로 벗어나게 해주는 가장 쉽고 간단한 해결책이었다.

부정적 감정을 일으키는 생각에 자꾸 꽂히는 이유

현주 씨가 스마트폰을 사용하여 자신을 힘들게 하는 생각에서 벗어났다면, 어떤 환자는 술이나 게임을 통해 벗어난다. 실제로 알코올은 그 자체만으로도 생각의 반복을 줄이는 효과가 있다고 한다. 이처럼 부정적이고 반복되는 생각에서 벗어나기 위해 중독 행위에 몰두하는 경우를 진료실에서 자주 만난다.

머릿속 생각이 작용하는 과정은 무도회장에서 춤추는 것과 같다. 무도회에서 동시에 여러 명의 상대와 춤을 출 수는 없다. 한 명의 상대를 골라 곡이 끝날 때까지 상대방과 춤을 춰야 하며, 곡이 끝난 뒤에는 다른 상대로 바꿔 춤을 출 수 있다. 대부분은 매력을 느끼는 상대방과 춤을 추기를 원하며, 가능하다면 더 많은 곡을 매력적인 상대와 춤추기를 원한다.

우리 뇌도 마찬가지다. 뇌는 한 번에 한 가지 생각만 의식할 수 있다. 한 가지 생각에서 다른 생각으로 넘어갈 수는 있지만 동시에 여러 생각을 할 수는 없다. 또한, 뇌의 입장에서 매력적인 생각일수록 뇌는 이 생각에 더 의식을 기울이고 더 오래 붙잡고 있다.

그렇다면 뇌는 어떤 생각에 매력을 느낄까? 뇌가 행복한 생각에 매력을 느낄 수 있다면 좋겠지만 아쉽게도 뇌는 행복에 관심이 없다. 뇌의 입장에서 가장 큰 관심사는 생존이다. 생존과 밀접하게 관련된 생각에 뇌는 매력을 느낀다. 그것이 우리의 생존에 중요하다고 판단하면 그 생각을 붙잡고 놓아주지 않는다. 문제는 부정적인 감정을 불러일으키는 생각들이 대개 생존과 관련이 깊다는 것이다. 어렸을 적에 경험했던 자동차 사고에 대한 생각, 예정된 여행에서 비행기 사고가 나지 않을까 하는 걱정 등은 생존과 관련 있기에 한 번 떠오르면 오랫동안 머릿속을 차지한다.

또한, 인간은 혼자서는 살아갈 수 없는 사회적 동물이기에 자신이 속하여 있는 집단에서 소외되는 상황을 생존의 위협으로 느낀다. 가까운 가족으로부터 외면당하거나, 수치심을 느낀 경험에 대한 기억, 많은 사람 앞에서 발표하는 것에 대한 걱정을 생존과 밀접한 생각으로 여긴다.

부정적인 생각에서 도망치는 법

부정적인 생각을 피하려고 중독 행위를 반복하고 있다면 아래와 같은 방법을 실천해보길 권한다.

첫 번째, 생각하는 시간과 장소를 정하자. 생각의 반복은 무조건 나쁜 것이 아니다. 과거를 생각하여 우리는 교훈을 얻고 미래를 생각하며 나쁜 일을 대비할 수 있다. 하지만 그런 생각을 무조건 많이 한다고 좋은 것은 아니다. 생각하는 시간과 장소를 정해두면 불필요한 생각에서 벗어나는 데 도움이 된다. 예를 들어, 토요일 오전 9시에 공원 근처 카페에 가서 한 시간 동안 미래에 대비할 것을 깊이 있게 생각하자고 정하는 것이다. 그리고 일주일 중에 이와 관련된 생각이 들면 토요일에 예정되어 있으므로 일단 미루는 것이다. 이렇게 생각하는 시간과 장소를 정해두고, 평상시에는 생각을 미루는 방법으로 불필요한 생각의 반복을 줄일 수 있다.

두 번째, 중독을 일으키지 않으면서 온전히 몰입할 수 있는 대상을 찾자. 앞서 생각이 뇌를 차지하는 것을 무도회에서 춤을 추는 것으로 비유했다. 우리가 생각이 아닌 다른 무언가에 몰입할 수 있다면, 뇌는 굳이 생각을 반복하지 않는다. 깊이 있게 몰입할 수 있는 대상은 사람마다 다르다. 나는 운동과 글쓰기를 할 때 생각에서 벗어나 깊이 있게 몰입할 수 있다. 운동은 건강을 지킬 수 있기에 일거양득이고, 글쓰기는 생각을 정리할 수 있고 이를 다른 사람과 공유할 수 있어 좋다. 여러분도 마찬가지로 자신에게 맞는 건강하고 유익하면서 깊이 있게 몰입할 수 있는 대상을 찾는다면 굳이 중독 대상에 의존하여 생각에서 벗어날 필요가 없다.

마지막은 대화이다. 반복되는 생각을 언어로 표현하고, 상대방과 이에 관해 이야기하다 보면 어느덧 생각이 정리되고 이러한 생각이 주는 불편감 또한 감소한다. 뇌는 막연하고 불확실한 대상에 매력을 느끼지만 확실하게 정리된 대상에는 그다지 매력을 느끼지 않는다. 그래서 누군가와 대화를 하는 과정은 생각의 반복을 막는 데 무척이나 효과적인 방법이다. 아쉽게도 함께 이야기할 대상이 없거나 누군가와 나누기 어려운 주제일 수도 있다. 이런 경우에는 글로 써보는 것을 권하고 싶다. 대화만큼은 아니어도 글로 쓰는 과정을 통해 머리가 한결 가벼워지는 것을 느낄 수 있을 것이다.

미루면 미룰수록
늪에 빠지는 이유

―

　우리는 많은 것을 미루면서 살아간다. 한정된 시간과 에너지를 효과적으로 관리하기 위해 상대적으로 지금 당장 시간과 에너지를 들일 가치가 적으면 뒤로 미루고 먼저 해야 할 일을 한다. 하지만 때로는 마땅히 해야 할 일이나 중요한 일을 미루기도 한다. 그러다 급하게 혹은 뒤늦게 일을 처리하느라 원하는 목표를 이루지 못한다.
　미루기는 상당히 중독성이 있다. 처음에는 한두 번 미루는 것으로 시작해 이를 반복하다 보면 어느새 습관처럼 미루기를 반복한다. 미루기 중독은 목표 달성을 방해하고, 자존감을 떨어뜨리며, 때로는 우울감을 유발한다.

케이스웨스턴리저브 대학교 연구진은 대학생을 대상으로 미루기가 개인의 성과, 스트레스 수준, 건강에 어떠한 영향을 미치는지 확인했다. 학기 초반에는 미루기 성향이 강한 학생들이 느끼는 스트레스가 상대적으로 낮았다. 이들은 과제를 미룸으로써 즉각적인 스트레스를 줄여 건강 상태도 비교적 양호했다. 그러나 학기가 진행되자 미루기 성향이 강한 학생들이 느끼는 스트레스는 점점 높아졌다. 미루는 습관이 학기 후반부에는 큰 압박감과 시간 부족으로 이어져 성과가 떨어지고 건강 상태도 나빠졌다. 특히, 미루기 성향이 낮은 학생들에 비해 성적이 저조하고 스트레스 관련 건강 문제를 더 많이 보고했다.[22]

이처럼 미루기는 단기적으로는 스트레스를 줄일 수 있지만, 장기적으로는 오히려 스트레스를 높이고 건강에 부정적인 영향을 미친다.

부담과 불안을 피하기 위한 선택

미루기는 왜 중독이 될까? 어떤 일을 할 때 우리는 다양한 감정을 마주한다. 다른 사람에게 평가받는 일을 하고 있다면 일하는 내내 '혹시라도 안 좋은 평가를 받지 않을까?'라는 생각에 불안감과 부담감을 느낄 것이다. 할 일은 많은데 해결이 어려운 상황이라면 답답함을 느낄 것이며, 일의 주도권을 빼앗긴 채 수동적으로 일을 처리해야 하는 상황이라면 무기력과 짜증을 느낄 것이다.

　미루기는 이러한 부정적인 감정들을 피하는 가장 단순하고 쉬운 방법이다. 할 일을 미룸으로써 온갖 부정적인 감정들로부터 한순간에 벗어날 수 있기 때문이다. 불편한 감정들을 견디며 힘든 일을 수행하는 것보다 지금 당장 미루기를 선택하는 것이 현재로서는 훨씬 편하다. 장기적으로는 이 선택이 상황을 악화시킨다는 것을 알면서도 결국 미루기를 반복한다. 즉각적인 보상이 주어진다는 점과 쉽게 습관이 된다는 점에서 미루기는 다른 중독들과 유사한 부분이 많다.

미루면 미룰수록 늪에 빠지는 이유

　미루기는 결과적으로는 무기력을 악화시키기도 한다. 미루기는 자기효능감을 떨어뜨리는데, 자기효능감이란 개인이 특정 상황에서 원하는 결과를 성취할 수 있다는 믿음을 의미한다. 미루기가 반복되면 이러한 믿음이 부정적인 방향으로 변한다. 실제 능력보다 자신을 낮게 평가하고, 현재 상황을 통제할 수 있는 능력을 갖췄음에도 자신이 통제할 수 없는 것으로 받아들인다. 즉 미루기는 자기효능감을 떨어뜨려 상황을 통제할 수 없다는 신념을 만들고 무기력을 악화시킨다.

미루기는 장기적으로는 부정적 감정을 더 크게 만든다. 해야 할 일을 미루면 일시적으로 불편한 감정에서 벗어날 수 있지만, 해야 할 일은 그대로인데 시간은 부족해졌으므로 다음에 과업을 수행할 때 느끼는 불편함은 더 커진다. 다음 날 시험이 예정된 상황에서 공부에 대한 압박감으로부터 피하고자 공부하는 것을 미루고 게임을 한다면 게임을 하는 동안에는 잠시 압박감에서 벗어날 수 있겠지만, 남은 시간이 줄어들기 때문에 다시 공부하려고 하면 더 큰 압박감을 경험한다. 결과적으로 해야 할 일에 대한 부담감을 더 크게 만들고, 이는 감정-보상 회로를 활성화해 미루기 중독과 무기력의 악순환을 일으킨다.

그러므로 미루는 습관을 해결하려면 내가 어떠한 감정을 피하려고 하는지부터 잘 살펴야 한다. 부담감 때문이라면 할 일을 줄이거나 목표를 낮추고 불안감 때문이라면 무엇 때문에 불안한지, 그러한 일이 생길 가능성은 어느 정도인지 합리적으로 따져보자. 다른 사람과 함께 이야기하는 것도 도움이 된다.

할 일을 시작하기 전에 호흡법이나 스트레칭을 통해서 마음을 안정시킨 후에 일을 시작하는 것도 도움이 된다. 미루게 만드는 감정을 잘 들여다보고 이를 완화할 방법들을 찾아본다면, 미루기를 해결할 방법을 찾을 수 있다.

단 1초라도
보상을 지연시켜라

―

 나는 한때 유튜브 시청에 빠져서 중독 수준에 이른 적이 있었다. 밥 먹을 때나 이동할 때나 틈만 나면 유튜브를 실행해 계속 영상을 봤다. 시간 낭비라는 생각을 하면서도 습관을 끊지 못했다. 그러던 어느 날 일정을 확인하려고 스마트폰 잠금을 풀었는데, 잠시 딴생각에 빠진 사이 손가락이 자동으로 유튜브를 실행하고 있었다. 유튜브 영상을 봐야겠다고 생각한 것도 아닌데 스마트폰을 켤 때마다 유튜브를 실행했더니 무의식적으로 손가락이 알아서 움직인 것이다. 특단의 조치가 필요하다고 생각한 사건이었다.

중독의 패턴

무언가에 중독된 사람들을 보면 이처럼 반복되는 행동 패턴이 존재한다. 퇴근 후 집에 돌아와 식사하며, 술을 마시는 행동을 반복하는 사람이 있으며, 어김없이 늦은 밤이 되면 컴퓨터를 켜고 게임을 실행하고 밤늦게까지 게임을 하는 사람이 있다. 밥 먹을 때면 어김없이 스마트폰으로 영상을 보는 사람이 있으며, 아침에 일어나자마자 SNS를 확인하는 사람이 있다. 이들의 행동은 규칙적이며 일관된다. 중독 행위가 이미 삶의 일부로 자리매김한 것이다.

특정한 몸과 마음 상태가 되면 중독 행위를 반복하는 경우도 있다. 피곤하거나 우울하거나 스트레스를 받는 상황에서 어떤 사람은 술을 마시고, 어떤 사람은 폭식하고, 어떤 사람은 음란물을 시청한다. 몸과 마음의 상태가 중독 행위를 유발하는 패턴이 생긴 것이다.

중독 의학에서는 중독을 부르는 특정한 상황이나 상태를 '신호$_{cue}$'라고 한다. 이런 상황에 놓이면 뇌의 보상 회로가 활성화되고 도파민이 분비되어 결국 중독 행위로 이어진다. 이런 과정이 반복되면, 특정 상황만으로도 자동으로 중독 행위를 하게 되는 패턴이 만들어진다. 이때, 뇌에서는 보상을 원하는 시스템이 강하게 작동하고, 반대로 행동을 조절하는 능력은 약해진다.

따라서 특정한 상황이 주어지면 아무리 중독 행위를 참으려 해도 어느새 몸이 먼저 반응하고 있는 경우가 많다. 처음에는 의지로 버틸 수 있겠지만, 시간이 흘러 의지가 약해지고 피곤하거나 스트레스를 받는 상황이면 특히 더 취약해진다.

중독에서 벗어나야 한다는 사실을 되새겨도 큰 도움이 되지 않는다. 대부분의 중독자는 이미 중독이 자신에게 해롭다는 것을 알고 있기 때문이다. 오히려 이런 생각이 죄책감을 키우고 의욕을 떨어뜨릴 수 있다. 마치 담뱃갑에 적힌 경고 문구가 흡연의 위험성을 모르는 사람에게는 효과적이지만, 이미 담배가 해롭다는 걸 아는 흡연자에게는 별다른 영향을 주지 않는 것과 같다.

번거로움의 위대한 효과

그렇다면 우리는 어떻게 중독에서 벗어날 수 있는가? 여러 방법이 있겠지만, 여기서 강조하고 싶은 것 중 하나는 중독 행위를 번거롭게 만들어 이를 자동으로 반복하는 것을 막는 것이다. 앞서 나는 유튜브 시청에 중독되었었다. 스마트폰을 켤 때마다 보이는 빨간 네모박스 안, 하얀색 재생 버튼 아이콘은 나도 모르게 유튜브를 시청하게 만드는 신호였다. 이를 막기 위해서 유튜브 애플리케이션을 스마트폰을 켜자마자 바로 보였던 위치에서, 여러 애플리케이션이 모인 폴더 안에 넣고, 폴더 안에서도 다음 페이지를 넘겨야 보이도록 옮겼다. 이렇게 하니 스마트폰을 켜도 유튜브 아이콘이 보이지 않았고, 유튜브를 실행하려면 폴더를 열고 페이지를 넘겨야 하는 번거로움이 생겼다. 효과는 놀라웠다. 나는 그날 이후 아침 묵상을 위해 유튜브를 실행할 때 말고는 유튜브를 찾지 않게 되었다. 수없이 반복한 다짐과 실패가 무색하게도 단순히 유튜브 실행을 번거롭게 만들었을 뿐인데 중독에서 쉽게 벗어난 것이다.

또 다른 효과적인 방법은 색상 필터를 이용하는 것이다. 스마트폰은 색상 필터를 이용해서 흑백으로 바꿀 수 있다. 화면이 흑백으로 바뀌더라도 전화와 메시지를 주고받는 데에는 큰 어려움이 없다. 오히려 자극이 덜하므로 눈의 피로가 줄어든다. 그러나 영상이나 SNS 애플리케이션을 사용하기 위해서는 이 색상 필터를 해제해야 한다. 물론 흑백 화면으로 영상을 시청하거나 SNS를 할 수도 있지만 만족스럽지 않기 때문에 색상 필터를 해제할 수밖에 없다. 이처럼 색상 필터 설정을 해제해야 하는 번거로움을 만드는 것도 애플리케이션 사용을 줄일 수 있는 효과적인 방법이 될 수 있다.

이같이 중독 행위를 번거롭게 만들어 중독 행위를 줄이는 전략은 다양한 중독에 적용할 수 있다. 쇼핑 중독의 경우 저장해둔 카드 정보를 지우고 구매할 때마다 번거롭게 카드번호를 입력하게 만드는 것도 좋은 방법이다. 알코올 중독의 경우 집에 있는 술을 전부 없애 술을 마시려면 번거롭게 밖에 나가게끔 하는 것도 좋은 방법이다. 게임 중독의 경우 게임을 한 뒤 게임 소프트웨어를 지워버리고 게임을 할 때마다 소프트웨어를 다시 설치하게 하면, 좀 더 수월하게 게임 중독에서 벗어날 수 있다.

1초라도 보상을 지연시켜라

중독 행위를 번거롭게 만드는 것은 뇌과학적으로 볼 때도 효과적인 방법이다. 중독은 즉각적인 보상이 있을 때 생긴다. 영상 시청, SNS, 게임, 흡연, 음주 등은 즉각적인 보상을 선사한다. 이는 중독을 일으키는 데 아주 중요한 기전이다. 만약에 어떤 행동을 하고 주어지는 보상이 몇 시간 이후에 주어지거나, 며칠

후에 주어진다면 우리는 그 행위에 중독되지 않는다. 그렇기 때문에 중독 행위를 번거롭게 만드는 것은 보상을 지연시키는 효과가 있다. 짧은 시간이더라도 번거로움에 의한 보상 지연은 중독 행위에 대한 만족감을 줄이고, 이는 결과적으로 중독에서 벗어나는 데 큰 도움이 된다.

또한, 번거로움은 이성적인 판단이 개입할 여지를 준다. 번거로움이란 결국 문제이다. 중독 행위를 가로막는 문제가 있으면 우리는 이 문제를 해결하려는 방법을 찾아야만 한다. 이때 작동하는 회로가 바로 집행 기능 회로이다. 집행 기능 회로는 문제를 해결하는 데 사용될 뿐 아니라 지금 하고자 하는 중독 행위에 대해서 이성적으로 판단을 하게 만든다. 그리고 이성적으로 보았을 때 중독 행위가 적절하지 않다고 판단되면, 이를 멈추게 할 수 있다. 결국 번거로움은 이성적 판단을 하게 하는 집행 기능 회로를 활성화함으로써 중독 행위를 억제하는 장벽의 역할을 한다.

중독에 대응하는
나만의 매뉴얼을 만들어라

―

중독 행위에 대한 갈망이 생겼을 때 대응하는 모습은 마치 재난 상황에 대처하는 사람들의 모습과 같다. 어떤 이는 정해진 매뉴얼에 따라서 일사불란하게 움직이고, 어떤 이는 매뉴얼을 따르기보다 즉흥적으로 상황에 대처하거나, 중독에 대한 갈망이 생긴 뒤에야 어떻게 대처할지를 고민한다. 전자는 중독 대상에 대한 강한 갈망에도 불구하고 중독 행위로 이어지지 않는다. 이에 반해 후자는 우왕좌왕하다가 결국 중독 행동으로 이어진다.

여러분은 중독 행위에 대한 어떤 매뉴얼을 가지고 있는

가? 특정 상황이나 특정 감정이 중독 대상에 대한 갈망을 일으킬 때 대처할 수 있는 매뉴얼이나 대응 방식을 가지고 있는가? 만약 그러한 매뉴얼이 없다면 또는 매뉴얼이 있지만 효과적이지 않거나 숙달되어 있지 않다면, 이제는 중독에 대처할 수 있는 매뉴얼을 만들고 연습이 필요한 시점이다

특정 상황에서 반복되는 행동을 우리는 습관이라고 한다. 우리는 중독에 대한 갈망이 일어날 때 습관적으로 중독 행위를 한다. 그러나 만약 중독에 대한 대응법을 고안하고 이를 반복하여 숙달한다면, 중독을 극복하는 습관을 만들 수도 있다. 좋은 습관이 인생을 바꾸듯이 중독에 대응하는 습관이 중독에서 벗어날 수 있게 도울 것이다.

중독을 극복하는 좋은 습관 만들기

중독을 극복할 수 있는 좋은 습관에는 어떤 것이 있을까? 첫째, 중독에 대한 갈망이 일어나는 장소를 벗어나는 것이다. 공간과 장소는 힘이 있다. 우리는 어떤 곳에 있느냐에 따라서 서로 다른 생각, 서로 다른 행동을 한다. 중독 대상에 대한 갈망은 특히 중독 행위를 반복한 상황이나 장소에서 쉽게 생긴다.

그곳은 집이 될 수도 있고, 일터가 될 수도 있고, 건물 내에 특정 장소가 될 수도 있다. 중독에 대한 갈망이 생길 때, 그 장소에서 중독과 싸우기보다는 일단 그 장소를 벗어나는 것이 큰 도움이 된다.

어떤 환자는 알코올 중독과 오랜 싸움을 했었다. 그러다 고안해낸 방법이 술을 마시고 싶을 때마다 집을 벗어나 동네를 한 바퀴 걷고 오는 것이었다. 낮이든 밤이든 술 생각이 날 때마다 밖으로 나와서 걸었다. 집 밖으로 나오는 행동은 술에 대한 갈망을 이겨내는 데 큰 도움이 되었다고 한다. 이처럼 무언가에 대한 갈망이 생길 때, 그 장소를 벗어나는 것은 중독에 대처하는 효과적인 습관이 될 수 있다.

두 번째는 중독을 이기는 데 도움이 될 사람을 찾아가거나 연락하는 것이다. 대부분의 중독 행위는 혼자 있을 때 일어난다. 누군가와 대화를 하거나 누군가가 옆에 있으면 중독 행위는 눈에 띄게 줄어든다. 특히 중독을 극복하는 것을 응원하고 지지하는 사람들이 곁에 있다면, 중독에 대한 갈망이 크게 생기더라도 중독 행위로 이어질 가능성은 매우 적어진다. 따라서 중독에 대한 갈망이 일어날 때, 누군가를 찾아가거나 직접 찾아가기 어려운 상황에서는 연락을 하는 것이 큰 도움이 될 수 있다. 단, 같은 대상에 중독된 이들과 함께하는 자리는 피해야 한다.

중독자들은 자신의 중독 행위를 합리화하려는 경향이 있으므로 중독자들과 함께 있다 보면 중독 행위에 대한 문제의식마저 희미해질 수 있다.

　　세 번째는 잠을 청하는 것이다. 중독 행위는 대부분 주로 밤에 일어난다. 밤에는 집행 기능 회로의 기능은 떨어지고, 상대적으로 감정-보상 회로의 기능이 올라간다. 그리고 중독 행위에 대한 갈망은 높아지고 충동을 조절할 수 있는 능력은 상대적으로 떨어진다. 즉, 중독에 취약한 시간이 되는 것이다. 밤에 중독 대상에 대한 생각이나 갈망이 생긴다면 잠을 자는 것이 가장 효과적인 대처법이다. 수면은 하루 동안 지친 뇌 기능을 회복시켜준다. 온전히 회복된 집행 기능 회로는 이전처럼 충동을 억제하고 조절할 힘을 발휘한다. 육체의 피로도 회복되어 긍정적인 에너지가 채워진다. 중독이 아주 심한 경우가 아니라면, 수면을 취하고 난 다음 날 아침에는 중독 대상에 대한 생각으로부터 자유로워지는 경우가 많다. 그러므로 적절하고 규칙적인 수면은 중독에 대한 효과적인 대처법이자 중독에 대한 갈망을 예방하는 효과적인 방법이다.

　　중독에 대한 대처법은 어느 하나가 정답은 아니다. 자신에게 적절하고 효과적인 대처법을 찾으면 된다. 단, 대처법을 중독에 대한 갈망이 생겼을 때 고민하는 것은 늦기 때문에 재난 상황을 대비해 매뉴얼을 만들고 숙달하듯 중독에 대한 대처법을 미리 고안하고 연습해야 한다. 그래야 중독에 대한 생각이나 갈망이 일어나는 상황에서 이를 효과적으로 사용할 수 있다.

중독에서 벗어날 때
비로소 보이는 것들

―

 누군가에게 중독 행위는 삶의 몇 안 되는 즐거움이다. 그런 분들에게 중독에서 벗어나라는 말은 삶의 즐거움을 포기하라는 말처럼 들릴 수 있다. 무기력한 삶 속에서 그나마 느끼던 작은 재미마저 포기하는 것은 삶을 더 메마르게 하는 것처럼 느껴질 수 있다.

 그런데 어쩌면 삶을 무료하게 만든 것은 삶 자체가 아니라 중독일지 모른다. 앞서 이야기한 것처럼 중독은 뇌를 변화시켜 평범한 일상에서 얻을 수 있는 즐거움, 의욕, 각성 효과를 빼앗기 때문이다. 무언가에 중독되면, 이전에는 즐거움을 주던 일들이 더 이상 흥미롭지 않고, 생각만으로 의욕을 불러일으키던 목표들도 힘이 되어주지 않는다. 결국, 중독 대상이 아닌 모든 것이 밋밋하고 지루하게 느껴진다.

중독을 벗어나는 것은 이 모든 잘못된 변화들을 되돌릴 수 있는 유일한 방법이다. 중독을 유지한 채 과거의 삶으로 돌아갈 수는 없다. 중독 행위를 통한 즐거움을 포기하지 않고 이전과 같은 삶을 찾으려는 것은 욕심이다. 삶을 다시 활력 있게 만들고 싶다면, 이제는 중독에서 벗어나기로 결단할 때다.

중독은 오랜 기간 반복된 습관과 같다

중독에서 벗어나는 것은 결코 쉬운 일이 아니다. 특히 오랫동안 중독 상태에 있었던 경우, 중독 행위는 이미 우리 삶 속에서 습관처럼 반복되고 있을 수 있다. 이런 경우, 중독에서 벗어나는 것은 오랜 기간 반복된 습관을 바꾸는 것만큼 어렵다.

더욱이 중독 행위에서 삶의 동기와 의욕을 느끼고, 다른 삶의 영역에서 재미나 흥미를 느끼지 못하는 경우, 중독을 제외한 삶이 무료하고 따분하게 느껴질 수 있다. 일부 약물 중독의 경우, 갑자기 복용을 중단하면 금단현상이 나타나 불안, 초조

등의 증상이 발생할 수도 있다.

많은 사람이 스스로 노력하거나 주변 사람의 권유로 중독에서 벗어나고자 하지만, 이러한 노력은 번번이 실패로 끝나기도 한다. 그럼에도 불구하고 중독을 극복하려는 노력을 포기해서는 안 된다. 중독을 극복하지 못하면, 우리는 중독의 노예가 되어 삶을 살아가게 된다.

다행히 중독에서 벗어나면 우리는 이전의 건강한 모습과 삶의 활력을 되찾을 수 있다. 중독 대상만을 갈망하던 뇌는 점차 일상의 자연스러운 자극에도 반응하기 시작한다. 예전에는 따분했던 일상이 즐거움과 의욕을 주는 대상으로 변한다. 이러한 변화는 삶의 다양한 부분에 긍정적인 영향을 미치게 된다. 중독에서 벗어났을 때 얻을 수 있는 이점은 크게 세 가지로 정리할 수 있다.

○ 중독 탈출의 이점 1. 할 일에 몰입할 수 있다

중독에서 벗어나면 해야 할 일에 좀 더 집중하고 몰두하는 것이 가능해진다. 대부분의 사람은 직장 업무, 육아, 학업 등 반드시 해야 하는 과업들이 있다. 하지만 이러한 과업들은 즉각적인 보상을 주지 않는 경우가 많다. 직장인은 매달 월급을 받고, 학생들은 시험 결과를 통해 피드백을 받으며, 부모는 자녀의 성장을 보며 보람을 느낀다. 그러나 중독 대상이 주는 즉각적인 보상과 비교하면, 이러한 보상은 상당히 느리게 다가온다.

따라서 중독 상태에서는 즉각적인 만족을 주는 중독 대상에 더 끌리게 된다. 반면, 중독에서 벗어나면 보상이 바로 주어지지 않더라도 해야 할 일에 집중할 수 있게 된다. 즉각적인 보상이 없어도 초조함을 느끼지 않으면, 보다 차분하게 자신의 일을 수행할 수 있다.

이러한 변화는 결국 긍정적인 결과로 이어진다. 직장인은 좋은 성과를 내어 인정받고, 부모는 자녀와의 관계가 좋아지며, 학생은 성적이 향상될 수 있다. 이처럼 좋은 결과는 다시 과업 수행을 강화하여, 일을 미루지 않고 몰두하게 만드는 선순환을 만든다.

중독 탈출의 이점 2. 관계를 회복할 수 있다

오늘날 스마트폰이나 텔레비전 덕분에 우리는 다양한 자극을 쉽게 접할 수 있다. 하지만 과거에는 사람이야말로 가장 큰 자극의 원천이었다. 사람과의 대화, 표정, 행동 등은 기쁨과 즐거움을 주는 동시에, 때로는 슬픔과 좌절감을 안겨주기도 한다. 하지만 그럼에도 우리는 사람을 통해 성장하고, 영감을 얻으며, 소속감을 느낀다.

그러나 스마트폰처럼 즉각적인 자극을 제공하는 대상이 등장하면서, 사람 간의 관계는 점차 소홀해지기 시작했다. 이제는 시간과 에너지를 들여 관계를 유지하기보다, 디지털 기기를 통해 즉각적인 만족을 얻는 데 익숙해졌다. 특히 중독이 심해지면 단순한 인간관계뿐 아니라 배우자, 부모, 자녀와의 중요한 관계들까지 영향을 받는다. 중독이 심한 경우, 배우자로서 또는 부모로서의 역할을 제대로 수행하지 못하게 된다.

하지만 중독에서 벗어나면, 우리가 그동안 소홀히 했던 사람들과의 관계가 다시 눈에 들어온다. 배우자의 생각과 마음이 궁금해지고, 자녀들의 행동과 성장에 관심을 가지게 된다. 주변 사람들의 다양한 삶에 호기심이 생기면서, 관계가 개선되고, 이러한 긍정적인 관계는 다시 만족과 행복감을 불러오는 선순환을 만든다.

중독 탈출의 이점 3.
여유로운 휴식과 온전한 회복이 가능하다

마지막으로, 중독에서 벗어나는 것은 여유 있는 쉼과 온전한 회복을 가능하게 한다. 중독에 빠진 삶에는 쉼이 없다. 시간이 생기면 중독 대상을 찾느라 바쁘거나, 중독 행위를 하려는 마음과 이를 저항하려는 마음 사이에서 갈등하느라 정신적 에너지를 소모한다.

많은 사람은 자신의 중독이 문제라는 것을 인식하고, 이를 줄이기 위해 노력하지만, 이러한 내적 갈등은 많은 시간을 허비하게 하고, 에너지를 소진시킨다. 결국 휴식 없이 지치는 삶을 반복하게 된다.

그러나 중독에서 벗어나면, 과업을 마치고 난 후 충분히 쉬고 회복할 시간이 주어진다. 휴식이 주는 즐거움을 누릴 수 있으며, 뇌가 새로운 정보를 효과적으로 학습하고 기억하는 신경 가소성 또한 촉진된다. 또한, 휴식은 스트레스 호르몬(코르티솔)의 수치를 조절하는 데도 필수적이다. 지속적인 스트레스는 불안과 우울을 유발할 수 있지만, 충분한 휴식은 감정적 안정을 찾아주는 데 도움을 준다. 결국, 중독에서 벗어날 때 우리는 온전한 휴식과 회복의 기능을 되찾을 수 있으며, 이는 삶 전반에 긍정적인 영향을 미친다.

　이처럼 중독에서 벗어날 때, 우리가 다시 누릴 수 있는 소중한 것들을 기억하고 중독을 이기기 위해 노력해보자.

이 싸움은
어차피 이길 수밖에 없다

―

지금까지 우리는 무기력과 함께 찾아오는 중독에 대해 알아보았다. 중독에 대한 이야기를 마치기 전에 마지막으로 전하고 싶은 말은 중독과의 싸움에서 넘어지더라도 다시 일어서야 한다는 것이다.

우리의 행동은 머릿속에 떠오르는 이미지의 영향을 크게 받는다. 이는 마음속의 모양, 즉 심상이라고도 하는데, 다양한 심상들이 우리의 말과 행동 그리고 삶에 영향을 미치게 된다. 긍정적인 심상은 우리에게 좋은 영향을 준다. 자신의 육체에 대하여 건강한 이미지를 가지고 있는 사람일수록 식단 관리나 운동 등 건강에 도움이 되는 행동을 많이 한다. 자신의 외모에 대하여 긍정적인 이미지를 가지고 있는 사람은 외모를 가꾸기 위한 행동을 많이 하는 경향이 있다.

마찬가지로 부정적인 심상은 우리 삶과 행동에 부정적인 영향을 미친다. 다른 사람이 자신을 비난하거나 질책하는 이미지들이 쉽게 떠오르는 사람들은 위축되고 소심한 경향이 있다. 무언가를 말할 때도 이와 같은 심상이 떠오르면서 불안해지고 쉽게 위축되곤 한다. 어릴 적부터 폭력적인 게임이나 영화에 노출이 된 경우, 폭력적인 행동을 할 가능성을 높이기도 하지만, 반대로 타인이 폭력적으로 행동할까 두려워 행동이 위축될 수도 있다. 이것이 수많은 자기계발서들이 자기 긍정의 이미지를 강조하며, 아동, 청소년들이 해로운 매체에 노출되지 않도록 영상마다 권장 나이가 정해져 있는 이유이다.

그런데 중독자들의 머릿속에는 실패의 이미지가 가득 차 있다. 대부분의 중독자는 중독에서 벗어나기 위해 다양한 시도들을 해본다. 하지만 시도한 만큼 중독과의 싸움에서 실패하여 넘어진 기억들이 머릿속에 남아 있다. 또한 주변 가족이나 지인들이 그들에게 하는 말들도 이런 부정적인 심상을 강화한다. 지연 씨의 이야기를 살펴보자.

폭식과 구토를 반복하던 사례자

지연 씨는 반복되는 폭식과 구토 행위에서 벗어나고 싶어 했다. 처음 폭식과 구토는 우연히 시작되었다. 스트레스를 많이 받은 어느 날 지연 씨는 스트레스를 풀기 위해 맛있는 음식을 먹기로 했다. 맛있고 자극적인 음식을 먹으니, 스트레스가 조금 풀리는 기분이 들었고, 먹다 보니 평소에 먹던 양보다 많은 양을 먹었다. 결국 배가 더부룩해 불편해진 지연 씨는 참다 못해 화장실에서 구토를 했다. 그렇게 배 속에 있는 것을 게워 내고 나니 더부룩함이 사라지고 시원한 느낌이 들었다.

문제는 이를 한 번 경험한 뒤로 폭식과 구토가 매일 반복되었다는 점이다. 지연 씨는 스트레스를 받을 때마다 배달 음식을 시키거나 음식을 사와 폭식을 하곤 했고, 이는 어김없이 구토로 이어졌다. 구토 때문에 속이 쓰려 다시는 하지 말아야지 다짐해도 다음 날이면 또다시 폭식과 구토를 하게 되었다. 폭식과 구토에서 벗어나기 위해서 다양한 방법을 시도하기도 했다. 배달 애플리케이션을 삭제하여 보기도 하고, 배고픔이 폭식을 일으키는 것을 막기 위해 밥을 미리 먹고 집에 들어가 보기도 했다. 폭식을 하고 싶어지면 밖에 나와서 걸어보기도 했다.

하지만 이와 같은 다양한 노력에도 폭식과 구토에서 벗

어나기가 쉽지 않았다. 함께 사는 부모님도 걱정이 많았다. 지연 씨의 행동이 잘못된 것임을 여러 차례 이야기했다. 하지만 지연 씨는 쉽게 달라지지 않았다. 걱정되는 마음에 화도 내보았지만 소용이 없었다. 지연 씨는 실패를 반복하고 해결책을 찾지 못해 이미 지친 상태로 진료실을 방문했다.

실패의 이미지부터 걷어내라

지연 씨처럼 반복되는 중독 행동으로 진료를 받는 분들의 머릿속에는 중독에 굴복한 자신의 모습으로 가득 차 있다. 중독을 극복하기 위해서 노력해보고 의지를 다져보기도 하지만, 반복되는 실패는 그들은 무기력하게 만든다.

나는 이런 분들에게 '중독과 싸움은 이길 수밖에 없는 싸움이다'라는 것을 기억하라고 한다. 중독은 포기하지 않으면 언젠가는 반드시 극복할 수 있다. 그리고 이 싸움은 반복할수록 중독에 대처하는 효과적인 방법을 알게 되기 때문에 점점 중독을 다루는 것이 능수능란해질 수밖에 없다.

중독과의 싸움은 중독을 극복하기 위해 거쳐야 하는 과정이다. 그 싸움 끝에 중독 행위를 반복하더라도 이는 실패가 아니라 중독을 극복하는 데 필요한 소중한 경험이 된다. 같은 것을 어떻게 바라보느냐에 따라서, 우리는 부정적인 심상을 가질 수도 긍정적인 심상을 가질 수도 있다.

주변 사람들의 말과 도움도 마찬가지이다. "중독 행위를 하지 말아라", "어떻게든 참아보라"라고 말하는 것은 부정적인 심상을 강화할 뿐이다. "실패해도 이겨낼 수 있다", "잘 하고 있다, 힘내라", "너는 할 수 있다"라는 칭찬과 격려가 긍정적인 심상을 강화하고 중독을 이겨내는 데 힘이 된다.

싸움은 지루할 것이다 허나 반드시 이길 것이다

그런데 왜 우리는 중독과의 싸움을 과정으로 보기보다는 실패로 보는 경우가 많을까? 이는 중독 행위를 극복하는 과정이 극적일 것이라는 잘못된 믿음 때문이다.

실제로 많은 사람은 자신의 중독 행위가 극적으로 극복될 것으로 기대한다. 영화나 소설에는 중독을 이겨내고 새로운 삶을 사는 인물의 이야기가 극적으로 묘사된다. 중독과 관련된 책이나 영상들은 때로는 몇 가지의 방법만으로 간단하게 중독에서 벗어날 수 있을 것처럼 이야기한다. 그러나 실제 중독으로 벗어나는 과정은 전혀 그렇지 않다. 중독과의 싸움은 대부분 길고 지루하기만 하다. 그렇기에 많은 사람이 실제로는 중독과의 싸움을 잘 해내고 있는데도 자신을 중독과의 싸움에서 진 패배자로 인식한다.

만약에 영화나 소설에 중독과의 싸움을 있는 그대로 담는다면 영화나 소설로서 성공하기는 어려울 것이다. 무척이나 길고 지루하기 때문이다. 책이나 영상에서 중독과의 싸움이 굉장히 복잡하고 단순한 몇 가지의 방법으로는 극복이 어렵다고 이야기한다면 누구도 그 이야기에 귀를 기울이지 않을 것이다. 이러한 이유로 우리는 있는 그대로의 중독과의 싸움에 대해서 알지 못하고 잘못된 방식으로 오해하고 있는 경우가 허다하다. 그러나 오랫동안 중독을 이겨내기 위해 노력해온 사람이나 그 가족이나 지인들은 중독과의 싸움이 얼마나 길고 지루한지 잘 알 것이다. 중독을 이겨내는 과정이 길고 지루하며, 극적인 변화는 드물다는 것을 기억한다면 중독과의 싸움에서 경험하는 패배감을 줄일 수 있다. 그리고 싸움에서 이겨나갈 힘을 얻을 수 있다.

실제로 환자들과 중독을 극복하는 과정을 함께 하다 보면 이러한 경험을 자주 한다. 대부분의 환자는 치료를 받으면 중독이 극적으로 극복이 될 수 있을 것이라는 기대를 하고 병원을 방문한다. 하지만 실제 진료 현장에서 그러한 극적인 변화는 드물다. 약물 치료와 상담 치료를 해도 몇 개월 혹은 몇 년간 환자들의 중독 행위는 지속된다. 어떤 환자들은 극적인 변화가 없다는 이유로 치료에 실망하고, 치료를 중단하기도 한다. 하지만 어떤 분들은 치료 과정이 길고 지루할 수 있다는 말을 믿고 치료를 지속한다. 그리고 이러한 분들에게서 작은 변화들이 조금씩 생겨난다.

앞서 소개한 지연 씨의 사례도 마찬가지였다. 처음 한두 달은 치료에도 불구하고 폭식과 구토를 반복했다. 그러나 시간이 지날수록 그 빈도가 점차 줄어들기 시작했다. 매일 반복되던 폭식과 구토는 일주일에 서너 번으로 줄어들었으며, 다음 달에는 일주일에 한두 번으로 줄더니 다다음 달에는 한 달에 한 번으로 줄었다. 반년 뒤에는 석 달 연속 폭식과 구토를 하지 않았고, 이제는 폭식과 구토에 대한 생각조차 나지 않는다는 말에 지연 씨가 온전히 회복되었음을 알게 되었다. 이처럼 중독을 극복하는 과정은 길고 지루하며, 극적인 변화가 있는 경우는 드물지만, 이를 중독을 이겨내는 과정으로 받아들이고 견디어 낸다면, 우리는 중독을 극복하고, 무기력에서 벗어날 수 있다.

지금까지 무기력한 상태에서 쉽게 빠지는, 그리고 무기력에서 벗어나는 것을 방해하는 중독에 관해서 이야기했다. 앞서 이야기한 것처럼 무기력과 중독은 서로 밀접하게 관련이 되어 있으며, 서로 영향을 주고받는다. 무기력하면 중독에 빠지기 쉽고, 무언가에 중독된 상태에서는 무기력해지기 쉽다. 반대로 무기력을 극복하면 중독을 다스리기가 쉬워지면서, 동시에 중독에서 벗어나면 우리는 무기력을 극복하는 데 한 발자국 가까워질 수 있다. 중독을 이겨내는 과정이 멀게 느껴지고 그 과정에서 지칠 수도 있지만, 여러분들이 끝까지 포기하지 않았으면 한다. 포기하지만 않으면 중독과의 싸움에서 승리는 여러분들의 몫이다.

나는 왜 아무것도
하기 싫을까?

제3장

의욕은 어떻게
다시 살아나는가

무기력으로부터 서서히 벗어나는
일상 회복법

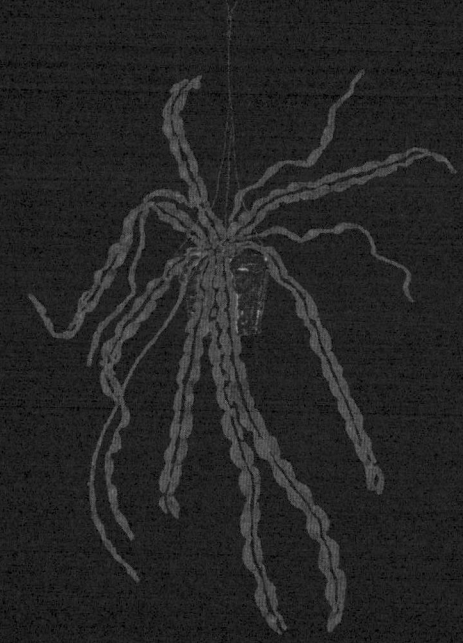

• Why Don't I Want to Do Anything?

의사결정의
피로를 줄여라

주말 저녁, 온 가족이 모인 식탁에 두 가지 음식이 놓여 있다. 한쪽에는 기름진 삼겹살이, 다른 한쪽에는 건강하게 조리된 생선구이가 준비되어 있다. 둘 중에 무엇을 먹을까? 잘 익은 삼겹살을 쌈장에 찍어서 먹었을 때 느껴질 풍미를 상상하면 벌써 군침이 돌지만, 최근 과식을 자주 해 속이 불편했던 기억이 떠올라 생선구이에 손이 먼저 가야 할 것 같기도 하다.

여러분은 맛있는 음식과 건강한 음식 두 가지가 놓여 있을 때 무엇을 먹을 것인가? 간단하게 보이는 음식 선택 문제에도 뇌과학이 작용한다.

2009년 사이언스지에 실린 연구를 함께 살펴보자. 캘리포니아 공과대학 연구진은 음식을 앞에 둔 상황에서 뇌의 어떤 부위가 활성화되는지 관찰했다. 연구 참여자들은 다양한 음식 이미지를 보고 맛과 건강에 미치는 영향에 대해 주관적으로 평가하여 어떤 음식을 먹을지 선택하게 했다. 그리고 건강한 음식 위주로 선택한 사람과 맛있는 음식 위주로 선택한 사람의 뇌를 비교했다. 두 그룹 모두 의사결정을 담당하는 뇌 영역이 비슷하게 활성화되었는데, 이는 건강한 음식을 선택한 그룹과 맛있는 음식을 선택한 그룹 모두 각각 음식에 대한 가치 판단을 한 뒤에 의사결정을 했음을 의미한다.

그런데 건강한 음식을 선택한 그룹은 맛있는 음식을 선택한 그룹과 비교했을 때 더욱 활성화되는 뇌 영역이 있었다. 집행 기능 회로에서 핵심적인 역할을 하는 배외측 전전두피질이었다. 배외측 전전두피질은 대상에 대한 가치를 재해석하여 가치 판단에 영향을 준다. 예를 들면, "삼겹살은 맛있겠지만, 기름지므로 건강에 해로울 수 있다"와 같이 보상을 재해석한다. 이러한 재해석은 가치 평가에 영향을 주고, 결과적으로 삼겹살보다 생선구이를 선택하는 데 결정적인 역할을 했다.[23] 이처럼 무엇을 먹을지 결정하는 문제에서부터 일상의 크고 작은 다양한 선택에서 집행 기능 회로가 중요한 역할을 한다.

해야 할 일 vs 하고 싶은 일

이번에는 음식이 아닌 다른 선택의 문제를 살펴보자. 여러분은 바쁜 일과를 마치고 집에 돌아왔다. 일주일 전부터는 매일 한 시간씩 자격증 공부를 하기로 계획하고 이를 성실히 실천하고 있다. 그런데 오늘 넷플릭스에서 오랫동안 기다려온 드라마 시리즈가 공개되었다는 소식을 접했다.

공부를 먼저 끝내고 드라마를 볼지, 드라마를 먼저 보고 공부를 할지 고민에 빠졌다. 피곤한 상태에서 먼저 공부를 하면 힘들고 고될 수 있지만 할 일을 마치고 보는 것이니 좀 더 편한 마음으로 즐길 수 있다. 피곤한 상태에서 좋아하는 드라마를 보면 활력은 생길 테지만 보고 싶은 드라마를 중간에 끊고 공부를 시작하려면 큰 의지력이 필요할 것이다.

어떤 사람은 무엇을 먼저 하든 크게 중요하지 않다고 생각할 수 있다. 그런데 이렇게 생각하는 사람은 대개 해야 할 일보다 하고 싶은 일을 먼저 한다. 무엇을 먼저 하든 상관없다고 생각하면 지금 당장 즉각적인 보상을 주는 일에 더 마음이 끌리기 때문이다.

M. 스캇 펙은 『아직도 가야 할 길』(율리시즈, 2023)에서 해야 할 일을 먼저 행동으로 옮기는 것이 얼마나 중요한지 깊이

있게 통찰한다. 특히 책의 핵심개념인 '지연된 보상'은 이 주제와 밀접하게 연결되는데, 순간적인 즐거움을 추구하지 않고, 고통스럽거나 어렵지만 중요한 일을 먼저 처리함으로써 더 큰 성취와 만족을 얻는 방식을 말한다. 그는 해야 할 일을 먼저 실천하는 태도가 장기적인 행복과 성장을 가져온다고 강조한다.

°고민으로 피로해질 바에 그냥 할 일을 하는 것이 가장 좋다

해야 할 일을 먼저 하는 것은 뇌과학적 측면에서 뇌를 효율적으로 사용하는 방식이다. 앞서 사이언스지에 소개된 연구에서 알 수 있듯이, 뇌는 어떤 음식을 먹을지 선택하는 과정에서도 각 음식에 대한 가치를 부여하고, 어떤 음식이 자신에게 가치 있을지 선택하기 위해 작용한다. 음식을 선택하는 문제뿐 아니라 내가 어떤 행동을 할지 선택할 때도 뇌는 부지런히 어떤 행동이 더 자신에게 유익할지 고민한다. 이 같은 의사결정을 반복하는 과정에서 쌓이는 뇌의 피로를 의사결정 피로라고 한다.

텔아비브 대학교, 컬럼비아 대학교 연구진은 판사들의 가석방 결정에 대한 데이터를 분석하여, 판사들이 하루 중 의사결정을 내리는 시간에 따라 판결 결과가 어떻게 달라지는지 조사했다. 연구 결과, 판사들은 하루 업무 시작 시점이나 식사 후에는 가석방을 허가할 확률이 높았지만 시간이 지나면서 그 확률이 감소하는 경향을 보였다.[24] 이는 판사들이 판결을 지속할수록 의사결정 피로가 누적되면서 점차 보수적인 결정을 내리게 됨을 시사한다.

다시 어떤 일을 먼저 할지를 선택하는 문제로 돌아가자. 해야 할 일을 먼저 하는 것이 원칙인 사람은 어떤 일을 할지 결정하는 과정에서 쌓이는 의사결정의 피로가 없다. 하지만 하고 싶은 일을 먼저 하는 사람은 어떨까? 하고 싶은 일을 하는 동안에도 이를 멈추고 해야 할 일을 시작할까 말까 계속 고민한다. 이 과정에서 필연적으로 의사결정 피로가 쌓일 수밖에 없다. 그래서 하고 싶은 일을 하다가 해야 할 일을 하려고 하면 시작도 하기 전에 피곤함을 느낀다. 이처럼 해야 할 일을 먼저 하는 것은 의사결정의 피로를 줄이는 효과적인 방법이다.

의사결정의 피로를 줄이는 것은 무기력을 극복하는 데에도 중요하다. 무기력은 그 자체로도 힘이 들지만 무기력할 때 해야 할 일을 할지 말지 고민하는 상황은 의사결정의 피로를 만든다. 그리고 이렇게 쌓인 피로는 무기력을 더욱 심하게 만든다. 무기력하게 침대에 누워 있는 상황에서도 뇌는 해야 할 일을 할지 말지를 끊임없이 고민하면서 지쳐간다. 그렇기에 무기력할수록 무엇을 먼저 할지가 중요하다. 무기력할수록 뇌가 의사결정 피로로 지치지 않기 위해 할 일을 먼저 하는 것이 중요하다. 해야 할 집안일이 있으면 먼저 이를 마무리 짓고 휴식을 취하자. 해야 할 공부가 있으면 계획한 공부를 먼저 끝내고 하고 싶은 일을 하자. 이것이 의사결정 피로를 줄여 뇌를 지치지 않게 하고 무기력을 극복하는 가장 중요한 원칙이다.

죄책감 없는 즐거움이 보상이다

해야 할 일을 먼저 하는 것은 보상의 측면에서도 효과적이다. 해야 할 일을 할 땐 한참 뒤에 찾아오는 보상을 기대한다. 예를 들어, 수험생이 시험에서 좋은 성적을 거두기를 기대하며 공부를 하고, 부모가 훗날 아이들이 잘 성장한 모습을 기대하며 자녀를 정성스럽게 양육하고 훈육하듯이 말이다. 이때 보상이 한참 뒤에 찾아오기 때문에 실행 과정에서 동기를 잃거나 지치기 쉽다. 해야 할 일을 끝마쳤을 때 느껴지는 보람이나 성취감은 뇌의 보상 체계를 자극하지만 그 과정 자체는 종종 단조롭고 힘들게 느껴질 수 있다.

그러나 해야 할 일을 먼저 하는 것은 이후 활동을 더욱 풍요롭게 만든다. 해야 할 일을 완료한 후에는 마음이 편안해지고, 하고 싶은 일을 할 때 그 만족감이 배가된다. 이는 단순한 즐거움이 아니라, 해야 할 일을 완수했다는 성취감과 결합한 더 깊은 만족감을 제공한다.

예를 들어, 학생이 시험공부를 먼저 끝낸 후에 게임을 하거나 여가를 즐기면 공부를 미룬 상태에서 느끼는 죄책감이나 불안을 동반하지 않는다. 부모 역시 자녀를 위해 해야 할 일을 끝낸 후에는 자신만의 시간을 더 자유롭게 누릴 수 있다. 이는 뇌가 긍정적인 패턴을 학습하게 만들고 앞으로 더 어려운 일을 처리할 동기를 강화하는 효과가 있다.

결과적으로 해야 할 일을 먼저 처리하고 하고 싶은 일을 즐기는 습관은 단기적 만족과 장기적 성취를 동시에 충족시킴으로써 무기력을 극복할 수 있는 효과적인 방법이 된다. 이제는 해야 할 일을 먼저 하고 휴식을 취하거나 하고 싶은 일을 함으로써 불필요한 의사결정 피로가 쌓이는 것을 막도록 하자.

지친 뇌 대신
건강한 뇌를 빌려 쓰는 법

―

 무기력한 상태에서는 정확한 판단을 내리기 어렵다. 무기력할 때는 나에게 주어진 과업이 지나치게 버겁거나 과중하게 느껴지고, 그에 비해 내가 가진 능력은 한없이 부족하게 느껴진다. 그로 인해 충분히 할 수 있는 과업에 두려움과 버거움을 느껴 회피하거나 빠른 결정과 행동이 필요한 순간에도 해야 할 일을 미룬다.
 실제로 무기력한 상태에서는 집행 기능 회로가 제 역할을 하지 못해 판단 능력이 떨어진다. 집행 기능 회로는 다양한 출처에서 얻은 정보를 통합하여 결론에 도달하는 분석을 진행한다. 그런데 집행 기능 회로의 기능이 떨어지면 정보 간 연관성을 파악하지 못하거나, 중요하지 않은 세부사항에 집착하는 등 통합과 분석 기능의 저하를 유발한다. 또한, 미래의 결과 예측 또한 부정확해진다. 집행 기능 회로는 현재의 정보를 기반으로 미래의 결과를 상상하고 행동의 잠재적 결과를 평가한다. 그런데 집행 기능 회로의 기능이 떨어지면 자신의 행동이 가져올 결과를 객관적으로 평가하지 못한다.

단시간 내에 기능이 저하된 집행 기능 회로를 회복할 방법이 있으면 좋겠지만 아쉽게도 그런 방법은 없다. 그런데도 우리는 무기력한 상태에서도 삶과 미래에 영향을 미칠 수 있는 중요한 결정을 하면서 살아가야 한다. 이러한 상황에서 합리적이고 이성적인 판단을 할 방법은 없을까?

건강한 뇌에게 도움을 요청하라

다행히 우리는 언어를 통해 다른 사람과 의사소통을 하며, 중요한 판단을 할 때 다른 사람의 도움을 받는 것이 가능하다. 무기력한 상황에서 스스로 정확한 판단을 내리는 것이 어렵다면 가족이나 전문가에게 도움을 받을 수 있다. 자신의 집행 기능 회로가 올바르게 작동하지 않는 상황에서 다른 사람의 집행 기능 회로를 빌리는 셈이다. 우리는 언어를 통해 판단에 필요한 정보를 타인의 뇌에 전달하고, 타인의 집행 기능 회로가 그 정보를 분석하여 결정을 내리기 때문이다.

실제로 인류는 이런 방식으로 협력하고 지식과 경험을 공유하며 문명을 이룩했다. 한 사람이 모든 문제를 스스로 해결할 수는 없기에 사람들은 서로의 강점과 전문성을 활용하여 부족한 부분을 메우고 더 큰 목표를 함께 이뤘다.

예를 들어, 법적인 문제가 생겼을 때 우리는 변호사의 도움을 받는다. 내가 어떤 법적인 도움을 받을 수 있는지를 전문가와의 상담을 통해 확인하고 어떻게 행동할지 조언을 받는다. 건강 문제가 생겼을 때는 의사의 도움을 받는다. 진찰을 통해 현재 어떠한 병에 걸린 것은 아닌지 확인하고, 어떤 치료를 받을지 의사와 상의하는 것도 이런 행위라고 할 수 있다. 그러므로 자신이 현재 무기력해서, 정확하고 합리적인 판단을 내리기 어려운 상황에서는 적극적으로 건강한 사람들의 도움을 받아야 한다.

실제로 진료실에서 환자들이 이러한 도움을 요청하는 경우가 많다. 무기력하고 우울하여 객관적으로 현재 상황을 분석하기가 어렵고, 어떤 결정을 내려야 할지 합리적으로 판단하기 어려울 때, 환자들은 치료자에게 어떻게 하면 좋을지 상의한다. 그러면 나는 만약에 내가 환자의 입장이었으면 어떻게 했을지 생각하며, 환자들이 올바른 판단을 내릴 수 있도록 돕는다. 환자를 힘들게 하는 사람을 어떻게 대해야 할지, 너무 힘든 업무 환경에서 계속 일을 하는 것이 좋을지, 그만두는 것이 좋을지, 가족들로부터 독립하는 것이 좋을지, 앞으로 어떤 일을 하면 좋을지 등 내 판단이 정답은 아니겠지만 나름대로 최선을 다해서 고민하고 선택의 장단점은 무엇이 있을지를 이야기하며 함께 상의한다.

믿음, 무기력의 늪에서 벗어나게 하는 힘

다른 이의 도움을 받으려면 믿음이 필요하다. 믿음은 먼저 다른 사람의 능력과 그의 의도를 신뢰하는 것에서 시작된다. 그 사람이 내가 하지 못하는 또는 어려운 일을 수월하게 할 수 있으며 나를 도와줄 의도가 있다고 기대할 때 신뢰 관계가 시작된다.

그다음 중요한 것은 용기이다. 상대방에게 자신이 처한 상황을 솔직하게 이야기하고 자신의 약점을 말할 용기가 있을 때 신뢰 관계가 형성될 수 있다. 상대방이 약점을 악용할 수 있다는 의심이 있거나, 상대방에게 약점을 드러내는 데 거리낌이나 두려움이 있다면 신뢰 관계는 형성되지 않는다. 그렇기에 누군가를 믿는다는 것은 말처럼 쉽지는 않다. 오히려 건강할 때는 믿음이 생기기 어렵다. 누구에게 의지할 필요가 없고 자신의 부족함을 드러낼 필요가 없기 때문이다. 우리는 약하거나 무기력할 때 누군가를 믿고 의지한다. 자신의 힘으로 현재 상황을 극복할 수 없기에 약점을 인정하고 드러내며 누군가를 신뢰함으로써 한계를 극복한다.

실제로 뇌과학적인 관점에서도 믿음은 우리를 긍정적인 방향으로 변화시켜 어려움을 극복하게 한다. 뇌는 누군가를 믿고, 누군가의 도움을 받을 때 옥시토신이라는 호르몬을 분비한다. 옥시토신은 신체 접촉, 연인과의 교감, 신뢰감을 느끼는 상황이나 협력 활동에서 분비되기 때문에 '사랑의 호르몬' 혹은 '신뢰의 호르몬'으로 불리기도 한다. 옥시토신은 스트레스 호르몬인 코르티솔 분비를 억제하여 스트레스를 줄이고 과도하게 활성화된 편도체를 안정화해 불안감까지 줄인다.

또한, 믿음은 우리가 당면한 과제를 인식할 때에도 영향을 미친다. 버지니아 대학교 연구진은 26도 정도의 경사진 언덕에서 흥미로운 연구를 진행했다. 연구진은 참여자들에게 두 가지 조건에서 언덕의 경사를 측정하게 했는데 첫 번째 조건에서는 신뢰하는 친구가 함께했고 두 번째 조건에서는 혼자였다. 그 결과 신뢰하는 친구가 함께할 때 언덕 경사를 더 낮게 평가하는 경향이 있었다. 심지어 신뢰할 만한 친구의 존재를 상상하는 것만으로도 비슷한 경향이 나타났다.[25] 이 연구 결과는 믿음이 어려움이나 도전 과제를 덜 위협적으로 인식하게 한다는 것을 보여줬다. 이처럼 믿음은 우리를 불안감에서 벗어나게 한다. 그리고 우리에게 당면한 과제를 덜 위협적으로 인식하게 해 문제를 직면하고 해결해가는 데 큰 힘이 된다. 그러므로 혼자서 무기력을 이겨내는 데 실패했다면, 주변 지인 혹은 전문가들에게 꼭 도움을 구하자.

종교와 반려동물도 좋은 힘이 된다

어떤 사람은 주변에 도움을 줄 만한 사람이나 믿을 만한 사람이 없을 수도 있다. 하지만 믿음과 신뢰가 사람 간의 관계에서만 존재하는 것은 아니다. 신의 존재를 믿는 사람은 신에 대한 믿음이 무기력을 극복하는 힘이 될 수 있다. 앞서 버지니아 연구진의 연구에서 믿는 대상을 상상하기만 해도 눈앞에 있는 언덕이 낮게 느껴지는 것처럼 눈에 보이지 않는 신이지만 신뢰한다면 우리는 용기를 내어 현실에 닥친 문제들을 담담히 마주할 수 있다. 그래서 나는 진료실을 찾은 분들이 종교가 있다고 이야기하면 꾸준히 치료를 받는 것뿐 아니라 가능하다면 신앙생활을 이어나갈 것을 강조한다. 그리고 많은 환자가 치료된 다음에는 신에 대한 믿음이 정신 질환을 이겨내는 데 큰 도움이 되었음을 인정한다.

또한, 어떤 사람에게는 반려동물이 신뢰의 대상이 될 수 있다. 반려동물과의 교감은 사람 간의 관계 못지않은 신뢰감을 만든다. 많은 사람이 반려동물과의 관계를 통해서 안정감을 경험한다. 인간관계에서 상처받고 고통받은 사람도 반려동물과는 신뢰 관계를 형성하기도 한다. 때로는 사람 못지않게 반려동물에게 의지하기도 하고, 다른 사람에게 이야기하지 못한 말들도 반려동물 앞에서 스스럼없이 털어놓기도 한다. 이와 같은 반려동물과의 관계 역시 신뢰 관계를 통해 무기력을 극복하는 대안이 될 수 있다.

무기력은
끝이 있는 고통이다

―

 끝이 있는 고통과 끝을 알 수 없는 고통은 전혀 다르게 느껴진다. 끝나는 시간이 정해진 고통은 힘들더라도 이겨낼 방법을 찾게 만든다. 하지만 끝을 알 수 없는 고통은 전혀 다른 방식으로 우리를 괴롭힌다. 불확실성은 상상력을 자극해 고통의 시간을 과장하여 더 큰 두려움과 불안을 만들고 의지를 무너뜨린다. 고통 그 자체보다 고통이 언제 끝날지 모른다는 불확실성에 더욱 압도당하기도 한다. 즉, 고통의 강도보다 중요한 것은 고통이 끝난다는 확신이다.

무기력이 힘든 이유는 불확실성 때문이다

『빅터 프랭클의 죽음의 수용소에서』(청아출판사, 2020)는 나치 강제 수용소에서의 경험과 삶의 의미에 대한 깊은 통찰이 담긴 책이다. 프랭클은 수용소 생활을 하며 자신과 주변 사람들의 심리 상태를 관찰했다. 그리고 그는 수용소 안의 사람들을 가장 큰 절망으로 몰아넣은 것은 극심한 고통이나 열악한 환경이 아니라 이 고통이 언제까지 이어질지 알 수 없다는 점, 즉 미래에 대한 불확실성이었다고 말한다. 그는 이를 '미래의 단절'이라고 표현하며, 희망을 잃어버린 사람들의 정신과 신체가 얼마나 빨리 쇠약해지는지 생생하게 묘사한다. 그는 책에 다음과 같이 썼다.

> "수용소에 있었던 사람들은 자기 경험을 글로 쓰거나 이야기할 때, 당시 가장 절망적이었던 것은 얼마나 오랫동안 수용소 생활을 해야 하는지 알지 못하는 것이었다고 이구동성으로 얘기한다. 우리는 언제 석방되는지를 몰랐다. 내가 있던 수용소에서는 그것에 대해 이야기하는 것조차 무의미한 짓이라고 생각했다. 실제로 수형 기간은 불확실했으며 끝이 있는 것도 아니었다."

희망이란 인간이 고난을 이겨내게 하는 가장 중요한 정신적 자원이다. 그러나 수용소에서 사람들은 단순히 고통받는 것을 넘어 이 고통이 끝날지조차 알지 못하는 상태에 놓였다. 프랭클은 이러한 불확실성이 사람들의 마음을 잠식하여 결국 그들이 스스로 삶의 의미를 잃어가는 과정을 목격했다.

무기력이 힘든 이유는 무기력 자체가 힘들고 일상에 지장을 주기 때문이다. 게다가 무기력이 언제 끝날지 모른다는 불확실성이 무기력을 훨씬 더 힘들고 고통스럽게 만든다. 우리가 흔하게 경험하는 근육통이나 감기 등은 보통 며칠 정도 지속되다가 사라진다. 그러나 단순 피로를 넘어선 무기력은 며칠 쉬는 것만으로는 쉽게 회복이 되지 않는다. 초반에는 좀 쉬다 보면 괜찮아지겠지 생각하며 대수롭지 않게 여기다가 며칠이 지나도 무기력이 계속되면 언제 좋아질지 모른다는 불확실성 때문에 고통이 더욱 커진다.

무기력의 시간을 지혜롭게 견디는 방법은 지금은 힘들고 고통스럽지만 이 시간이 언젠가는 끝이 난다는 것을 되새기는 것이다. 우리는 과거의 경험을 기억하거나, 자연의 법칙을 적용하고, 미래를 상상하는 방식으로 불확실성을 동반한 무기력에 대항할 수 있다.

먼저 과거의 경험을 떠올려보자. 이전에도 힘들고 무기

력했던 순간이 있었을 것이다. 당시에는 끝이 보이지 않았겠지만 결국 그 시간을 지나 지금의 내가 있다. 우리는 이미 여러 번 어려움을 극복한 경험이 있다. 이 사실을 되새기며 지금의 무기력도 지나갈 것이라는 믿음을 가져보자.

또한, 무기력의 시간을 자연의 순환으로 바라보기를 권한다. 나무가 겨울 동안 잎을 떨구고 고요히 쉬듯, 무기력한 시간도 우리의 내면이 새로운 시작을 준비하는 과정일 수 있다. 봄이 오면 나무가 새싹을 틔우듯, 우리 역시 변화와 성장을 맞이할 날이 온다. 이처럼 무기력을 삶의 일부로 받아들이면, 지금의 시간이 영원하지 않다는 사실을 더 분명히 느낄 수 있다.

미래를 상상하는 것도 큰 도움이 된다. 무기력한 시간이 끝났을 때 내가 하고 있을 일, 느끼고 있을 감정, 새로운 환경 등을 구체적으로 떠올려보자. 미래의 내가 지금의 나를 되돌아보며 "그 시간을 잘 견뎌냈다"라고 말하는 모습을 상상하는 것이다. 이 상상은 현재를 견디는 힘을 더해준다. 뇌는 상상과 현실을 구분하지 못한다. 무기력을 이겨낸 자신을 상상하는 것만으로도 무기력이 언젠가는 끝날 것이라고 기대할 수 있다.

지나친 휴식은
뇌를 더 지치게 만든다

―

　무기력할 때 가장 먼저 생각해보고 시도하는 것은 휴식이다. 무언가를 오래 하여 피로가 쌓였을 때 휴식을 통해 피로가 회복되는 경험을 했기 때문이다. 이 책을 읽고 있는 여러분 역시 충분한 휴식을 통해 무기력을 벗어나려는 시도를 이미 해보았을 것이다.

　그런데 안타깝게도 휴식이 문제를 해결해주지 않을 때가 있다. 삶의 어려움, 관계 문제, 우울증 등으로 무기력을 경험한 사람은 편히 쉬는 것이 무기력에서 벗어나는 데 도움이 될 것이라 기대하고 가능한 한 아무것도 하지 않고 쉰다. 그런데 휴식 기간을 충분히 가졌음에도 무기력을 극복하기는커녕 오히려 더 무기력해진 것 같다고 말하는 사람이 많다. 어떤 환자는 무기력이 심해 회복의 시간을 갖고자 퇴직 후 6개월간 충분히 쉬었음에도 나아지지 않았다며 퇴직을 후회했다. 이처럼 휴식은 단순한 피로를 해소하는 데는 도움이 되지만, 심한 무기력에서 벗어나는 데는 도움이 되지 않는 경우가 있다.

멈춘 수레를 움직이려면 더 큰 힘이 필요하다

우리는 일반적으로 휴식을 '무언가를 하지 않는 것'이라고 생각한다. 무언가를 하는 것을 멈추고 새로운 행동을 하지 않는 것이다. 무기력해지면 우리는 이러한 휴식을 가능한 자주, 길게 취하려 한다. 그 이유는 무기력 때문에 무언가를 하는 것이 힘들고, 휴식을 통해 무기력이 나아지리라 기대하기 때문이다. 그러나 이처럼 과도한 휴식은 오히려 우리를 더 무기력하게 만들 수 있다.

우리 뇌는 특정한 상태를 유지할 때보다 상태를 변화할 때 더 많은 에너지를 쓴다. 특정 뇌 부위가 활성화되었다고 가정했을 때 이 상태를 유지하는 것은 새로운 뇌 부위를 활성화하는 것보다 더 간단한 일이다. 따라서 쉬고 있는 뇌의 상태에서 행동하는 뇌의 상태로 바꾸는 것은 뇌의 입장에서는 상당히 부담이다. 실제로 우리 몸은 무언가를 꾸준히 할 때보다 무언가를 새로 시작할 때 더 큰 힘이 필요하다.

움직이는 수레를 계속 움직일 땐 적은 힘으로도 가능하지만, 멈춘 수레를 다시 움직일 땐 많은 힘이 필요하다. 컴퓨터 역시 컴퓨터가 꺼져 있는 상태에서 부팅을 할 때 가장 많은 전력을 소모한다. 우리 몸과 뇌도 마찬가지이다. 평상시 활동할 때보다 오랜 시간 휴식한 상태에서 다시 어떤 활동을 하려고 하면 더 많은 에너지와 힘이 필요하다. 무기력한 상태에서는 휴식을 자주, 길게 가지려 하게 되고, 어떤 행동을 하기 위해 휴식 상태를 벗어나려 할 때마다 많은 에너지와 의지력을 소모하게 된다. 그러므로 무기력하다고 무조건 쉬는 것은 우리 기력과 에너지를 더 소진하게 만들 수 있다.

자신의 리듬에 맞는 휴식 방법을 찾아야 한다

그렇다고 휴식이 무조건 무기력을 악화시키는 것은 아니다. 적절한 휴식은 우리에게 활력을 주고 집중력을 높여준다.

실제로 많은 연구는 적절한 주기로 적당량의 휴식이 가지는 이점을 보여준다.

동물에게 관찰되는 울트라디안 리듬은 24시간보다 짧은 주기로 반복되는 리듬으로 중추 신경계와 호르몬 시스템의 상호작용을 통해 발생한다. 이 리듬은 적응력을 높이고 환경적 변화에 유연하게 반응하도록 돕는다.[26] 뇌는 이러한 울트라디안 리듬에 따라서 일정 시간 동안 기능이 상승하다가 저하되는 주기를 반복한다. 이러한 리듬 주기는 90분에서 200분 사이로 사람마다 다르지만, 이 시간이 지나면 신체와 뇌는 자연스럽게 휴식을 요구한다. 이 주기에 맞춰 작업하고 10~20분 정도의 휴식을 취하면 집중력과 생산성을 유지하는 데 효과적이라 한다.[27] 그러므로 자신의 리듬에 맞추어서 주기적으로 휴식을 취하는 것이 필요하다.

어느 정도의 휴식이 적당한지는 개인마다 다르므로 자신에게 적절한 휴식의 방법과 양을 찾아야 한다. 나는 해야 할 일이 있는 상황에서 30분 이상 휴식을 취하거나 누워서 휴식할 경우 일을 다시 시작하기 힘들었다. 다시 뇌가 활성화되고 몸이 움직이는 데 많은 힘이 필요하기 때문이다. 그래서 나는 일이나 공부를 하는 중간에 휴식을 취할 때는 10~20분 정도 낮잠을 자거나, 30분 이상의 휴식을 취할 때는, 산책이나 대화 등을 통해 뇌가 적당한 각성을 유지하는 것을 원칙으로 하고 있다.

여러분도 자신만의 휴식법을 찾아보도록 하자. 여기서 중요한 것은 깨어 있는 동안에는 너무 과한 휴식을 피하는 것이다. 무기력감 때문에 최대한 오래, 푹 쉬고 싶겠지만 과도하게 휴식을 취한 뒤에는 더 몸을 움직이기 어려울 수 있다는 것을 기억하고 적절한 휴식 방법을 찾아 실천해보자.

누워 있을수록
더 무기력해지는 이유

―

우리는 무언가를 할 힘이 생겨야 그 행동을 시작할 수 있다고 생각한다. 그런데 누워 있거나, 웅크려 있거나, 위축된 무기력한 자세는 그 자세만으로 기분을 다운시키고 활력을 저하한다. 무기력한 자세를 유지하면서 기운이 나면 움직이겠다고 생각하는 것은 사과나무 밑에서 사과가 떨어지기를 기다리는 여우와도 같다.

이와 관련된 연구가 있다. 린필드 대학교 연구진은 여성들을 대상으로 자세에 따른 기분과 인지 능력의 변화를 조사했다. 해당 연구에서는 힘 있는 자세와 힘없는 자세를 분류하여 연구에 참여한 여성들이 의도적으로 이러한 자세를 취하도록 해 그들의 기분과 인지 과제 수행 능력을 평가했다. 그 결과 힘 있는 자세를 취한 여성들은 긍정적인 감정을 더 많이 경험했지만, 힘없는 자세를 취한 여성들은 부정적인 감정을 더 많이 보고했다. 또한, 힘없는 자세는 자기객관화를 증가시켰고, 이는 부정적인 감정과 연결되었다. 다음으로 힘 있는 자세는 여성들의 인지 과제 수행 능력을 향상시킨 반면에 힘없는 자세를 취한 경우 자기객관화가 증가하며 주의력이 외모에 대한 걱정으로 분산되어 과제 수행이 저하되었다. 이러한 결과는 우리가 어떤 자세를 취하느냐에 따라서 감정과 인지 능력이 달라질 수 있음을 보여준다.[28]

그렇다면 어떤 자세를 취하면 좋을까? 우선 올바른 자세에 대해서 알아보자.

자세가 바르면 자신감이 생긴다

삶을 살아가는 데 있어 자세는 무척이나 중요하다. 잘못된 자세는 우리를 쉽게 피로하게 만들며, 반대로 올바른 자세는 무언가를 꾸준히 지속하는 데 큰 힘이 된다. 그렇기에 우리는 자신의 자세를 종종 점검해보고 올바르고 효과적인 자세를 배우고 유지하기 위해 노력해야 한다.

올바른 자세는 우리가 어떤 일을 하는지에 따라 달라질 수 있지만, 공통으로 좋은 자세란 신체가 자연스러운 정렬 상태를 유지하여 근육과 관절에 불필요한 부담을 주지 않는 자세이다. 이러한 자세는 신체적 피로를 줄이고, 효율적인 움직임과 호흡을 가능하게 하며, 장기적으로 근골격계의 건강을 유지하는 데 도움을 준다.

좋은 자세의 핵심은 척추의 자연스러운 곡선을 유지하는 것이다. 척추는 경추, 흉추, 요추 부위에서 각각 고유의 곡선을 가지고 있으며, 이 곡선이 지나치게 휘거나 평평해지지 않도록 하는 것이 중요하다. 머리와 목은 척추와 일직선을 이루어야 하며, 어깨는 자연스럽게 뒤로 젖혀지고 가슴은 살짝 펴져야 한다. 골반은 중립 위치를 유지해야 하며, 이는 허리가 과도하게 휘거나 평평해지는 것을 방지한다.

좋은 자세는 신체의 피로를 감소시키고, 허리 통증이나 목 결림 같은 근골격계 질환을 예방하는 데 효과적이다. 또한, 폐와 횡격막의 움직임을 원활하게 하여 깊은 호흡이 가능해지고, 소화기관의 기능을 개선하기도 한다. 외적으로는 자신감 있고 건강한 인상을 주어 대인관계에도 긍정적인 영향을 미친다.

좋은 자세를 유지하기 힘든 이유

좋은 자세가 좋다는 것을 알지만 그런 자세를 유지하기는 어렵다. 올바른 자세를 유지하기 어려운 이유는 다양한 요인이 복합적으로 작용하기 때문이다. 첫 번째로, 근력 부족이 중요한 원인으로 작용한다. 올바른 자세를 유지하려면 척추를 지지하는 근육, 특히 코어와 등 근육이 충분히 강해야 하지만, 현대인들은 대체로 이 근육이 약화되어 있다. 근력이 부족하면 올바른 자세를 오랫동안 유지하기 어렵고, 결국 나쁜 자세로 기울게 된다.

두 번째 이유는 잘못된 습관이다. 평소에 구부정한 자세로 앉거나 서는 습관이 몸에 배어 있다면, 올바른 자세를 취하는 것이 어색하고 불편하게 느껴진다. 특히 스마트폰이나 컴퓨터를 장시간 사용하는 현대 사회에서는 이러한 습관이 더 흔하게 나타난다.

유연성 부족도 중요한 이유 중 하나다. 몸의 근육과 관절이 뻣뻣하면 올바른 자세를 유지하는 데 제한이 생긴다. 특히 허벅지 뒤 근육이나 허리 근육이 경직되면 자세에 큰 영향을 미친다. 또한, 장시간 같은 자세를 유지하면서 척추와 관절에 계속 압박이 가해지는 것도 문제다. 이로 인해 근육이 피로해지고, 점점 더 편한 자세를 취하려다 보니 나쁜 자세가 굳어진다.

정신적인 요인 역시 자세 유지에 영향을 미친다. 스트레스나 피로가 쌓이면 근육이 긴장하고 몸이 무거워져 자세가 흐트러진다. 특히 기분이 저조하거나 무기력할 때 사람들은 자연스럽게 더 구부정한 자세를 취한다.

이러한 문제를 해결하고 올바른 자세를 유지하기 위해서는 근력과 유연성을 기르는 운동, 바른 자세를 위한 환경 조성, 그리고 자신의 자세를 의식적으로 점검하는 습관이 필요하다. 이러한 노력을 통해 올바른 자세를 유지할 수 있을 것이다. 올바른 자세가 과업을 수행할 때 피로를 줄여준다면, 더 나아가 우리는 힘 있는 자세를 의도적으로 취함으로써 에너지와 활기를 얻을 수도 있다.

자세가 우리의 감정, 인지에 영향을 미친다는 점을 고려한다면, 무기력할 때 가장 먼저 쉽게 바꿀 수 있는 것 중 하나는 자세이다. 무언가를 하기에는 너무 힘이 없고 지쳤다면 일단 자세만이라도 바꿔보자. 누워 있거나 소파에 앉아 있었다면, 일어서거나 책상에 앉아보자. 무언가를 하고자 한다면 그 일의 시작 자세만이라도 취해보자. 자세의 변화가 행동을 시작하는 뇌부위의 활성화를 일으키고, 아무것도 못할 것 같은 마음가짐이 변화할 수 있을 것이다.

무한한 가능성의 늪에
빠지지 마라

—

　대학교 2학년인 재현 씨는 지금 자신의 모습이 마음에 들지 않는다. 재현 씨는 어릴 적부터 공부를 잘했다. 부모님은 항상 공부를 잘해야 한다고 강조했고, 고등학생이 되자 좋은 대학에 가야 한다고 수시로 이야기했다. 재현 씨도 부모님의 말씀을 따라 좋은 대학에 가기 위해 열심히 공부했다. 그런데 안타깝게도 재현 씨는 평소보다 긴장한 탓에 실력을 제대로 발휘하지 못해 수능 시험을 잘 보지 못했다. 자신의 성적에 아쉬움을 느낀 재현 씨는 다시 한번 대학 입시에 도전해 서울에 있는 대학에 입학했다.

그러나 대학 생활은 만족스럽지 않았다. 어울리는 친구들은 있었지만, 학교 안에서만 잠깐 어울릴 뿐 다들 개인주의 성향이 강해 혼자 있는 시간이 많았다. 게다가 대학에 와서도 학점 관리를 위해 쉬지 않고 과제와 공부를 해야만 했다. 그러던 어느 날 한 유튜버가 요즘에는 명문대를 나와도 대기업에 취직이 어려우므로 명문대 출신이 아니면 한국 사회에서 살아가기가 힘들다고 말하는 영상을 보았다. 그 이후로 지나가다가 명문대 잠바를 입은 사람만 봐도 열등감을 느꼈고 불안하고 초조해지기 시작했다. 동기 중에 반수를 해서 명문대에 합격한 친구가 있었는데 그런 친구들을 보면 자괴감이 들었다. 재현 씨가 다니는 대학교도 서울에서 인지도가 있는 학교인데도 더 유명한 대학교들과 비교를 하다 보니 만족스럽지 않았다. 좀 더 좋은 대학에 들어가기 위해서 다시 대학 입시를 준비해볼까 생각도 했다. 그런데 또다시 1학년으로 입학을 하면 너무 늦은 나이에 졸업할 테니 오히려 취업에 걸림돌이 될까 걱정이 되었다. 이런저런 고민에 빠져 있다 보니 아무것도 하기가 싫었다. 그저 현재 자신의 삶이 만족스럽지 않았다.

우리는 왜 이렇게 비교를 하며 살아갈까?

사람들은 끊임없이 타인과 자신을 비교한다. 자신이 중요하다고 생각하는 가치를 기준으로 상대방과 남을 비교하며 누가 더 우월한지 판단한다. 재현 씨처럼 좋은 학벌에 중요한 가치를 둔 경우 학벌로 타인과 자신을 비교한다. 자신보다 좋은 대학을 다니는 사람들을 만나면 열등감을 느끼고, 자신이 더 좋은 대학을 다닌다고 판단하면 우월감을 느낀다. 돈을 중요한 가치로 여기는 사람들은 재력을 기준으로, 외모를 중요한 가치로 여기는 사람들은 외모를 기준으로 타인과 자신을 비교하면서 우월감 혹은 열등감을 느낀다.

왜 우리는 이렇게 비교를 할까? 진화론적으로 볼 때 비교는 생존을 위한 필수적인 도구였다. 인간은 사회적 동물로서 집단 안에서 살아남기 위해 타인의 행동과 성과를 관찰하고 이를 자신의 상황과 비교해왔다. 이러한 과정은 더 나은 자원을 확보하고, 위험을 피하며, 경쟁에서 유리한 위치를 점하는 데 중요한 역할을 했다. 또한, 사람은 타인과 자신을 비교하면서 학습하고 발전한다. 자신보다 우월한 사람들의 행동을 모델 삼아 새로운 기술이나 전략을 배운다. 비교를 통해 자신에게 부족한 점을 발견하고, 더 나은 목표를 설정하며 성장한다. 이처럼 비교는 인간의 생존을 돕는 도구였으며 현재까지도 우리를 성장시키는 역할을 한다.

끝이 없는 비교를 부추기는 소셜 미디어와 현대 사회

과거에는 비교할 수 있는 대상이 자신과 차이가 크지 않았다. 신분 사회에서는 신분에 따라 주어지는 삶이 달랐다. 태어날 때부터 신분은 고정되었고 이를 자연스러운 질서로 받아들였다. 중세 유럽에서는 신분을 신의 뜻으로 여겼고, 이런 종교적 관념은 사람들이 신분을 숙명으로 받아들이게 했다. 그래서 비슷한 신분 안에서는 서로를 비교했더라도 자신보다 높은 신분의 사람들을 자신과 비교하며 열등감을 느끼는 사람은 많지 않았다.

신분제가 사라진 현대 사회에서는 평등이 보편적 가치로 자리 잡았다. 민주주의와 인권의 확산은 모든 사람이 태어날 때부터 자유롭고 평등하다는 원칙을 강조하며 사회적 이동성을 확대했다. 자본주의 체제는 또한 노력과 능력을 통해 누구나 성공할 수 있다는 신념을 확산시키며 개인의 성취를 중시하는 문화를 형성했다. 사람들은 교육, 직업, 사업 등을 통해 자신의 삶을 개선할 수 있다는 희망을 갖게 되었고 이는 자본주의 사회의 핵심 가치로 자리 잡았다. 그러나 이러한 변화는 비교의 범위를 확장시켰다. 과거에는 비슷한 신분이나 환경에 속한 사람들만 비교 대상이었지만 이제는 재벌, 대통령, 유명 연예인 등 극단적인 성공을 거둔 인물들까지 비교 대상이 된다. '누구나 성공할 수 있다'라는 믿음은 희망을 주기도 하지만, 동시에 자신과 타인의 성취 사이에 벌어진 격차를 극명하게 느끼게 하며 심리적 부담과 박탈감을 심화시키기도 한다.

더 나아가 정보화 사회와 소셜 미디어의 발달은 이러한 비교를 더욱 부추긴다. 우리는 일상 곳곳에서 타인의 성공과 행복, 화려한 삶을 실시간으로 접하며 그들과 나 자신을 비교한다. 이는 긍정적인 동기를 부여할 수도 있지만 열등감, 좌절감, 불안과 같은 부정적 감정으로 이어질 가능성이 더 크다. 그리고 이런 부정적인 감정이 이어지면 뇌의 감정-보상 회로의 기능이 강해지고, 집행 기능 회로의 기능이 떨어지면서 점차 무기력해진다.

우리는 모든 것이 될 필요가 없다

열등감에서 비롯된 무기력에서 벗어나는 가장 효과적인 방법은 가능성을 포기하는 것이다. 이 말은 언뜻 황당하게 들릴 수 있다. 가능성을 포기한다는 것은 마치 삶에서 목표나 꿈을 내려놓는 것처럼 느껴질 수도 있다. 하지만 깊이 들여다보면 이는 비교로부터 자유로워지고 열등감으로 인한 무기력을 극복하는 데 핵심적인 해결책이다.

우리는 종종 자신이 될 수도 있었던 모습을 투영하며 타인과 자신을 비교한다. "저 사람은 나와 비슷한 출발선에 있었는데, 어떻게 저렇게 성공했을까?"라는 생각이 우리 안에 열등감과 자괴감을 불러일으킨다. 이러한 비교는 종종 우리가 '가능성이 있다'라고 믿는 사람들, 즉 내가 조금만 더 노력했거나 더 운이 좋았다면 될 수도 있었을 것 같은 사람들을 대상으로 이루어진다. 이는 특히 현대 사회의 무한한 가능성과 연결된다. 누구나 노력하면 부와 명예를 얻을 수 있다는 메시지는 겉으로는 희망을 제공하지만 동시에 끝없는 비교와 자기 비하를 유발하는 원인이 되기도 한다.

우리가 비교하고 열등감을 느끼는 대상은 결국 내가 되었을 법한 모습이다. 우리는 알렉산더 대왕의 업적을 배우면서 열등감을 느끼지 않는다. 그의 삶과 업적은 나와 완전히 다른 시대, 다른 조건에 속해 있어 비교 대상이 되지 않기 때문이다. 하지만 같은 대학을 졸업한 동기가 큰 성공을 거두었다고 가정하면 겉으로는 축하해줄 수 있지만 속으로는 "내가 조금 더 노력했더라면 나도 저 위치에 있었을 텐데"라는 생각이 들 수 있다. 이는 동기와 자신이 비슷한 환경과 조건에서 시작했다는 믿음에서 비롯된다. 동기를 바라보며 느끼는 열등감은 이러한 비교와 가능성에서 기인한다.

가능성을 포기한다는 것은 현실적으로 이루기 어려운 목표나 타인과 자신을 동일 선상에 놓고 비교하는 마음을 내려놓는 것이다. 패배주의와는 다르다. 한계와 현실을 인정하고 나만이 가진 고유한 삶의 가치를 발견하는 일이다. 모든 가능성을 추구할 필요는 없다. 특정한 가능성을 내려놓는다면 지금 있는 그대로의 자신을 받아들이고 비교에서 벗어나 더 큰 자유와 에너지를 얻을 수 있다.

무기력에 빠진 이들은 대부분 다른 친구들이 열심히 미래를 향해 달려가는 모습을 보면서 쉽게 좌절한다. 그러나 좌절감 속에서 매일 같이 허우적대기보다는 나와 그들의 삶은 다를 수밖에 없다는 현실을 받아들이자. 무기력에 한 번이라도 빠져본 사람의 삶과 그것을 한 번도 경험하지 못한 사람의 삶은 다를 수밖에 없다. 하지만 이것 하나는 기억하자. 무기력한 시간이 당신의 삶에 마이너스만 되는 것만은 아니다. 무기력을 통해 우리는 삶에서 무엇이 진정 소중하고 가치 있는지 더 깊이 깨달을 수 있다. 또한, 무기력을 이겨내는 과정에서 자신을 돌아보는 힘과 회복의 방법을 배우게 된다. 이 경험은 한 번도 무기력을 경험하지 않은 사람들과는 다른 시각과 깊이를 가지게 하고, 더 강인한 삶을 살아갈 수 있는 기반이 될 것이다.

비현실적인 기대를
내려놓는 연습

―

 의사는 병을 치료하는 사람이다. 어릴 적 나는 의사가 되면 아픈 환자를 척척 고치는 사람이 될 줄 알았다. 다른 의사들도 훌륭하지만 정신과 의사는 마음을 치료한다는 점에서 특히 더 매력적으로 느껴졌고, 정신과 의사가 되면 고통과 슬픔도 없애는 마술사가 될 것이라 기대했다.

 그러나 정신과 의사가 되어 마주한 현실은 기대와 달랐다. 면담 한 번으로 혹은 약 한 번 먹었다고 환자들의 삶은 달라지지 않았다. 오히려 가을이 되어 나뭇잎이 서서히 익어가듯 치료를 지속하다 보면 조금씩 환자들의 삶이 달라졌다. 정신과 의사에게 필요한 것은 멋진 위로의 말을 생각해내는 재치나 순발력보다 작은 변화를 계속 끌어낼 수 있는 우직함과 꾸준함이라는 것을 알게 되었다. 그리고 이제는 환자가 짧은 시간 안에 변화가 없더라도 실망하거나 자책하지 않으며, 환자와 함께 치료 방향을 상의하고 놓치거나 잘못된 부분은 없는지 함께 살펴보면서 치료를 이어간다.

의사뿐 아니라 환자들도 비슷하다. 면담 한 번으로 혹은 약을 며칠만 먹으면 자신을 고통스럽게 하는 증상에서 벗어날 수 있으리라 기대한다. 물론 이런 기대가 있기 때문에 환자들이 혼자서 고통을 견디지 않고 전문가의 도움을 구하는 것이므로 긍정적인 측면도 있다. 하지만 치료를 진행하다 보면 현실을 깨닫는다. 증상은 단번에 나아지지 않으며, 나아지더라도 완전히 사라지지 않는다는 것을 경험한다. 그리고 그 실망감 때문에 몇몇 환자는 병원을 다시 찾지 않거나 약 복용을 중단한다. 그러나 또 많은 환자가 기대만큼 치료가 빠르지 않아도 의사가 자신의 이야기에 귀를 기울여주고 관심을 주는 것에 대해 안정감을 느끼거나 자신의 나아진 부분에 의미를 부여하며 치료를 지속한다.

무기력이 없는 삶이 정상이라는 믿음

나는 왜 비현실적인 기대를 품고 정신과 의사가 되었을까? 환자들 역시 왜 이런 기대를 품고 치료를 시작할까? 이는 우울과 무기력 같은 감정적 고통이 없는 것이 정상이라는 현대 사회에 뿌리 깊게 내린 믿음에서 비롯된다. 이 믿음은 단순히 개인의 생각이 아니라 소설, 영화, 매체, 위인전 등 우리가 접하는 문화적 서사에서 반복적으로 재생산된 결과다. 이러한 문화적 영향은 감정적 고통을 정상적인 삶에서 배제해야 할 것으로 규정하며, 삶의 본질적 일부인 불완전함을 왜곡한다.

소설과 영화는 종종 인간의 경험을 극적으로 단순화한다. 주인공은 고난과 고통을 겪지만 이는 대개 극복의 전환점으로만 기능한다. 이야기가 끝날 무렵 주인공은 우울과 무기력을 완전히 극복하고 승리하거나 행복한 상태에 도달한다. 이 같은 서사는 고통을 단지 해결해야 할 문제로 축소하며 감정적 어려움을 극복하지 못한 사람은 실패한 삶을 사는 것처럼 느끼게 한다. 이런 서사는 우리가 고통을 자연스러운 삶의 일부로 보지 못하게 만들며, 고통을 느끼는 상태를 비정상으로 여기는 잘못된 기준을 심어준다.

매체와 광고 또한 이런 믿음을 강화한다. 광고는 항상 밝고 행복한 얼굴을 노출하고 특정 상품이나 서비스를 사용하면 이런 상태를 유지할 수 있다는 메시지를 전달한다. 우울하거나 무기력한 상태는 행복한 모습의 대척점으로 제시되며, 이를 느끼는 사람은 해결책을 찾지 않는 한 사회에서 고립될 것이라는 불안을 느낀다. 특히 소셜 미디어에서는 행복하고 완벽해 보이는 일상을 보여주는 이미지가 넘쳐난다. 이러한 문화적 압박 속에서 사람들은 자신의 우울감과 무기력을 숨기거나 부정하게 되고, 이는 고립감을 심화시킨다.

위인전도 문제를 안고 있다. 성공한 인물들의 이야기를 다룰 때 그들의 고난과 고통은 극복의 서사로 축소되며, 성공 이후의 행복한 순간만 강조된다. 우리는 이 이야기를 통해 우울과 무기력은 단지 성공으로 가는 과정에서 지나가는 장애물일 뿐이라고 배운다. 그러나 현실에서 감정적 고통은 단지 극복하거나 없앨 수 있는 것이 아니라 계속 경험하고 관리해야 할 삶의 일부다. 이를 인정하지 않으면 우리는 위대한 인물들의 성공적 모습만 보고, 자신의 고통을 부끄러워한다.

이러한 문화적 서사가 주는 가장 큰 해악은 감정적 고통에 대한 이분법적 사고를 강화한다는 것이다. 사람들은 행복과 불행, 정상과 비정상을 분리해서 생각하며, 우울과 무기력을 느끼는 자신을 비정상적이고 실패한 존재로 여길 가능성이 크다.

그러나 인간의 감정은 이분법적으로 나뉘지 않는다. 우울, 무기력, 불안은 삶의 자연스러운 일부이며, 때로는 우리에게 중요한 신호를 제공한다. 이는 우리에게 무엇이 필요하고, 무엇을 변화시켜야 하는지를 깨닫게 하는 중요한 도구다.

현실적인 목표를 세워라

비현실적인 기대와 목표는 무기력을 더 심하게 만들고 무기력을 이겨내고자 하는 시도를 포기하게 만든다. 운동은 무기력을 호전시키는 것으로 알려진 대표적인 방법이다. 많은 사람이 무기력이 사라질 것이라고 기대하며 운동을 시작한다. 며칠은 기대감에서 비롯된 희망과 의욕으로 운동을 할 수 있다. 하지만 시간이 지나도 여전히 무기력이 찾아오면 운동이 무기력을 없앨 수 없다는 사실에 실망하고 더 무기력해진다. 운동 외에도 다른 방법들을 사용해보지만, 여전히 무기력에서 벗어날 수 없다는 것을 알게 되면 답답해질 뿐이다. 이처럼 무기력을 없앨 수 있다는 기대는 오히려 실망감을 일으키고 무기력을 악화시킨다.

비현실적인 기대를 하고 무언가를 시작했다가 그 기대

가 현실과 다르다는 것을 깨닫는 경우는 흔하다. 우리는 그럴 때면 현실에 맞추어 기대치나 목표를 수정한다. 무기력을 이겨내는 과정도 마찬가지이다. 무기력을 우리 삶에서 완전히 몰아내는 것이 불가능하다는 걸 알았다면, 현실적인 목표를 세워야 한다.

변화를 평가하는 기준을 바꿔라

무기력을 없애는 것보다 좀 더 현실적이고 실현 가능한 목표는 무기력의 정도를 줄이는 것이다. 기존에는 무기력의 유무로만 성공과 실패를 구분했다면, 다양한 기준으로 무기력의 정도가 변했는지 평가하는 것이 필요하다.

무기력을 이겨내려고 운동을 시작했다면, 운동을 시작한 후에 무기력의 빈도, 지속 시간, 강도는 어땠는지 그리고 삶에 미치는 영향이 줄었는지 평가하는 것이다. 만약 과거에는 무기력을 매일 경험하다가 지금은 일주일 중에 무기력을 단 하루라도 느끼지 않는다면 이전보다 좋아진 것이다. 과거에는 무기력이 종일 지속됐는데, 이제는 오전에 무기력했다가 오후에는 괜찮아진다면 이전보다 지속 시간이 줄어든 것이다. 과거에는 무기력으로 일을 하나도 할 수 없었는데 이제는 힘들어도 일을 할 정도라면 이 역시 무기력이 나아진 것이다. 물론 무기력이 없던 삶과 비교하면 여전히 무기력이 삶에 지장을 미친다고 할 수 있다. 하지만 이런 변화가 있다면 운동은 무기력의 정도를 줄이는 데 효과적이라 할 수 있다. 시간과 에너지를 계속 쏟을 만한 가치가 있는 것이다.

여러분들은 무기력의 문제를 접할 때마다 무기력의 원인에 따라 다양한 해결 방법을 시도하게 될 것이다. 해결 방법의 효과를 판단할 때는 단기간에 무기력이 사라지는지 여부로만 평가해서는 안 된다. 무기력은 단기간 내에 벗어날 수 없으며 무기력이 없는 삶은 존재하지 않는다는 것을 기억하자. 무기력이 완전히 사라진 삶을 목표로 하기보다, 무기력을 느끼는 빈도가 줄고, 지속 시간이나 강도가 약해지며, 삶에 미치는 부정적인 영향이 감소하는 것을 목표로 해야 한다. 나아지는 속도가 더딜지라도 낙심하거나 포기하지 말자. 낙숫물이 오랜 시간이 지나 바위를 뚫는 것처럼, 작은 변화가 계속되면 우리 삶은 크게 달라질 것이다.

무기력과 불안의
악순환에서 벗어나라

—

　환자들과 무기력에 관해 이야기하다 보면 공통점을 찾을 수 있다. 그것은 무기력은 그 자체만으로 환자들에게 고통을 주지만, 환자들은 무기력한 자신을 바라볼 때 느껴지는 부정적인 감정으로 또다시 고통을 겪는다는 점이다. 때로는 무기력 자체보다 무기력한 삶에서 비롯된 불안, 공포, 두려움, 자책, 절망감으로 힘들어하는 환자들의 모습을 자주 본다.

　앞서 무기력의 원인을 분석하면서 불안과 같은 부정적인 감정이 감정-보상 회로를 활성화시켜 무기력을 유발한다는 것을 확인했다. 마찬가지로 무기력으로 인해 발생하는 부정적인 감정 또한 감정-보상 회로를 강화하여 무기력의 악순환을 심화시킨다.

그렇다면 어떤 사람들이 이와 같은 악순환에 고리에 쉽게 빠지는 것일까?

성실함이라는 독

첫 번째 유형은 성실하게 노력하여 무언가를 성취한 사람들이다. 그들은 자신의 성취에 대해 자부심이 있으며, 목표를 이루기 위한 자신의 노력을 자랑스럽게 생각한다. 그리고 '노력하면 무엇이든지 이룰 수 있고 무엇이든지 될 수 있다'라는 사회적 신념은 자신의 노력 덕분에 성취를 이뤘다는 생각을 뒷받침한다.

그들은 목적의식이 있고, 성실하며, 유혹에 굴하지 않는다는 점에서 도덕적으로 우월한 대상이 된다. 무언가를 성취하는 과정에서 경험하는 이기심, 질투심, 원초적 욕망 등은 열정과 노력이라는 포장지에 가려진다. 자신의 성공이 노력의 결과임을 강조할수록 주변으로부터 비난받을 위험이 줄어든다. 그들에게 노력은 삶을 지탱하는 힘이며 주변에서 인정받고 비난받을 위험을 줄이는 기반이다.

그런데 무기력은 이 기반을 흔든다. 열심히 무언가를 할 때는 안정감을 느끼고 자신이 가치 있는 존재로 느끼던 사람이 무기력으로 무언가가 열심히 할 수 없는 상황이 되면 급격하게 불안해진다. 노력이 그들의 삶에 안정감을 주었던 만큼, 무기력은 그들에게 '가치 없는 존재가 되지 않을까?', '다른 사람들로부터 비난을 받지 않을까?' 하는 불안과 두려움을 가져온다.

두 번째 유형은 첫 번째 유형의 부모 밑에서 자라난 사람이다. 자녀는 성장하면서 자연스레 부모의 가치관과 신념을 이어받는다. 이러한 가치관과 신념의 대물림은 부모가 직접 자녀에게 한 말뿐 아니라 부모가 보여주는 삶의 태도도 영향을 준다. 부모가 상대방의 직업에 따라 대하는 태도가 달라지는 모습을 보여주면 자녀는 자연스레 '직업에는 귀천이 있다'라는 신념을 가진다. 그런 면에서 자녀가 성숙한 성인으로 자라기를 바란다면 부모는 자녀보다도 자기 자신을 어떻게 성장시킬지 고민하여야 한다.

첫 번째 유형의 부모 밑에서 자란 자녀는 부모와 마찬가지로 삶을 사는 동안 좋은 성취를 위해 열심히 노력해야 한다는 신념을 가진다. 이러한 신념은 자녀가 학업적 성취를 달성하고, 자신이 정한 목표를 이루는 데 긍정적인 영향을 미친다. 또한,

성취가 계속되는 한 자신이 삶을 통제하고 있다는 안정감을 주고, 가치 있는 일을 하고 있다는 보람을 준다. 사회 속에서는 사회의 일원으로 역할을 잘 수행하고 있다는 점에서 다른 사람으로부터 비난받거나 무시당하는 위험이 적다고 느낀다.

그러나 이러한 신념 이면에는 잔혹함이 숨어 있다. 노력하지 않는 사람들 그리고 노력했으나 성취하지 못한 사람들을 게으르거나 의지가 부족한 사람이라고 낙인을 찍는 것이다. 이 사람들은 사회적으로 비난받고, 다른 이들에게 당연히 무시당하여야 한다고 생각한다. 이 믿음은 결국 자신 역시 성취하지 못하면 사회로부터 비난받거나 주위로부터 소외될 수 있다는 불안감과 두려움에 빠지게 한다. 사회인으로서 역할을 하기에 충분한 지적 능력과 기술들을 가지고 있음에도 평범하게 살아가는 것에서 죄책감과 결핍을 느낀다. 그리고 무기력은 그들의 죄책감과 열등감을 가중한다.

˚지위 불안을 유발하는 요인

이런 유형의 사람들이 무기력할 때 느끼는 감정은 알랭 드 보통이 말한 '지위 불안status anxiety'이라 할 수 있다. 보통은 그의 저서 『불안』(은행나무, 2012)에서 '지위'와 '지위 불안'을 다음과 같이 정의한다.

> 지위: 세상의 눈으로 본 사람의 가치나 중요성
> 지위 불안: 사회에서 제시한 성공의 이상에 부응하지 못할 위험에 처했으며, 그 결과 존엄을 잃고 존중을 받지 못할지도 모른다는 걱정. 현재 사회의 사다리에서 너무 낮은 단을 차지하고 있거나 현재보다 낮은 단으로 떨어질 것 같다는 걱정.

적당한 수준의 지위 불안은 자신을 성장시키고, 타인에게 피해를 주는 행동을 억제하고, 사회 구성원을 결합한다는 면에서 긍정적인 효과가 있지만 지위 불안이 지나치면 비통한 마음을 낳을 수 있다.

성공한 사람이든 평범한 사람이든 지위 불안을 경험하고 살아간다. 그리고 특정한 상황은 지위 불안을 가중하기도 한다. 특히 질병, 불황, 실업, 퇴직, 성공한 친구에 관한 신문 기사는 사람들에게 지위 불안을 유발한다. 또한 사람마다 가지고 있는 신념에 따라 서로 다른 상황에서 지위 불안을 느낄 수 있다. 예를 들면, 외모가 자신의 지위를 높이거나 유지하는 데 중요하다고 믿는 여성이라면 얼굴에 작은 흉터가 생긴 상황, 몸무게가 1~2kg 늘어나는 상황에서 지위 불안이 커질 수 있다. 경제적 소득이 지위를 판단하는 데 중요한 사람은 경제 상황이나 회사의 여건 등으로 인하여 소득이 줄어드는 상황에서 지위 불안이 심해질 수 있다.

앞서 소개한 두 가지 유형의 사람의 경우, 그들의 지위를 유지하는 데에 노력과 성취가 중요하다고 생각한다. 그러므로 무기력으로 인해 무언가를 열심히 노력할 수 없는 상황이 되거나 목표를 성취하지 못하는 상황이 되면, 심한 지위 불안을 경험한다. 그들은 무기력할 때 세상이 바라보는 자신이 가치가 떨어지지 않을까 하며 불안해한다. 무기력이 불안을 일으키고, 불안이 다시 무기력을 악화시키는 악순환의 고리가 생기는 것이다. 다른 사람들보다 무기력한 상태를 견디는 것이 힘들다면, 이런 무기력-불안의 악순환 고리가 존재하는지 살펴야 한다.

인지적 재구성이 필요하다

이런 악순환의 고리를 끊는 방법은 무기력을 바라보는 관점을 바꾸어 부정적 감정을 줄이는 것이다. 과학자들은 이를 인지적 재구성Cognitive Reappraisal이라 한다. 인지적 재구성은 감정 조절 전략의 하나로, 부정적 상황이나 사건을 다르게 해석하거나 재구성하여 정서적 반응을 조절하는 방법이다. 이 과정은 감정을 유발하는 사건 자체를 바꾸는 것이 아니라, 사건에 대한 사고와 해석을 변화시켜 감정의 강도를 줄이고 긍정적 또는 중립적인 감정으로 전환하려는 것이다.

라이스 대학교 연구진은 건강한 성인 26명을 대상으로 부정적인 감정을 일으키는 사진을 보여준 다음, 사진을 보기 전 인지적 재구성을 통해 사진이 주는 부정적인 감정을 조절하도록 했다. 연구진은 이 과정에서 기능적 자기공명영상fMRI을 통해 참가자들의 뇌 활동을 측정하고 분석했다. 그 결과 사진을 보기 전에 '섬엽'이라는 뇌 부위가 활성화된 경우, 사진을 본 뒤 편도체 반응이 억제되고 감정 조절이 성공적인 결과를 보였다. 이는 같은 상황이나 자극에 노출이 되더라도 우리가 사전에 이를 어떻게 받아들일지를 인지적으로 재구성함으로써 이로 인해 유발되는 부정적인 감정을 줄일 수 있다는 것을 시사한다.

무기력 이면에 숨겨진 보물

　이러한 인지적 재구성 기법을 우리가 무기력을 마주하는 상황에 적용할 수 있다. 노력을 중요시하는 사람들에게 무기력한 상태는 자신의 사회적 가치를 떨어뜨릴 수 있어 위험하다. 빨리 벗어나야 하고, 바꿔야 하는 상태이다. 하지만 그것이 자신의 마음대로 되지 않으면 더 불안해지고 초조해진다.

　그런데 무기력의 이면에는 숨겨진 보물들이 있다. 나는 진료실에서 무기력을 포함한 다양한 정신과 증상으로 고통받는 환자들을 본다. 이러한 증상들은 대개 일상생활이나 직업 생활, 관계 등에 영향을 주기 때문에 삶에서 없어져야만 한다고 생각한다. 그런데 환자들과 함께 치료하는 과정을 걸어가다 보면, 이 증상들이 환자 자신을 이해하게 하고 외면했던 문제를 직면하게 하여 이를 바탕으로 환자가 성장하는 것을 발견한다. 정신 질환은 환자들에게 고통을 주지만, 많은 환자는 아프기 전보다 정신적으로 성숙해진다.

　무기력도 마찬가지이다. 우리가 무기력의 문제를 외면하고 저절로 사라지기를 바라거나 단순히 무기력이 좋아질 방법을 찾는다면 무기력은 우리에게 아무 이득이 없는 대상이다. 하지만 무기력의 문제를 자세히 들여다보면, 이를 통해 우리는 나의 욕구, 성향, 신념, 관점들을 알게 된다. 무기력을 개선하는 과정에서 우리는 필연적으로 나를 변화시켜야 하며, 이는 결과적으로 나 자신을 한층 성장하게 만든다. 그런 면에서 무기력은 나를 이해하고 성장시키는 원동력이 될 수 있다. 무기력을 통해 얻을 수 있는 것들을 기대한다면, 무기력이 찾아올 때 경험하는 부정적인 감정들로부터 한결 자유로워질 수 있다. 이를 기억하고 무기력을 바라보는 관점을 바꾸기 위해 노력한다면, 무기력과 부정적 감정이 만든 악순환에서 벗어날 수 있을 것이다.

지금까지 무기력을 극복하는 방법들을 살펴보았다. 이 외에도 꾸준한 운동, 균형 잡힌 식사, 충분한 수면 등도 무기력을 극복하는 데 중요한 요소지만, 이미 많은 책과 방송에서 다루어졌기에 이 책에서는 생략했다.

무기력은 단 한 가지 방법으로 단번에 극복할 수 있는 것이 아니다. 무기력의 원인을 파악하고, 이에 맞는 방법들을 실천할 때 조금씩 점진적으로 무기력으로부터 회복이 일어난다. 그렇기에 현실적인 목표를 세우고 도움이 될 방법들을 꾸준히 실행으로 옮겨보자. 시간이 지날수록 이전의 활력을 되찾고 있는 자신을 발견하게 될 것이다.

나는 왜 아무것도
하기 싫을까?

제4장

하기 싫은 것이 아니라
아픈 것은 아닐까

◦

무기력을 유발하는
신체 이상의 사례들

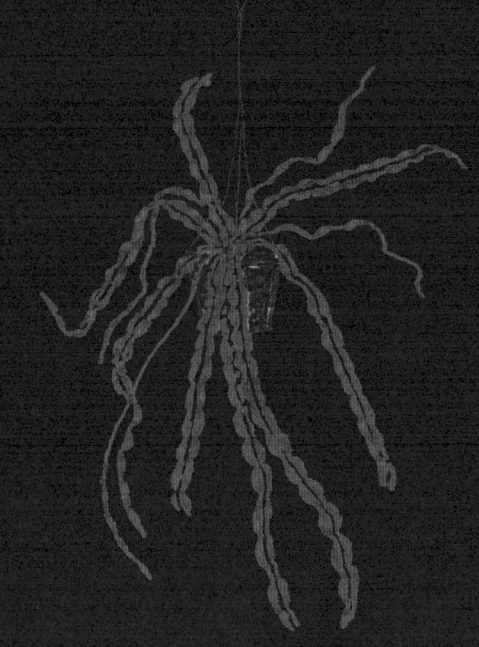

- Why Don't I Want to Do Anything?

우울증의
늪에 빠진 뇌

―

　승호 씨는 어느 날부터 아침에 일어나자마자 오늘 하루를 보낼 것을 생각하면 버거웠다. 꾸역꾸역 출근을 해 하루를 보내고 집에 돌아오면 온몸에 기운이 빠져 아무것도 할 수 없었다. 처음에는 일이 바빠서 그러려니 생각했지만 시간이 지나도 승호 씨의 상태는 나이지지 않았다.

　오히려 기분이 저하되기 시작하고 예전에 즐겁게 하던 취미 생활도 더 이상 즐겁지 않았다. 해야 할 일에 집중하는 것이 어렵고, 부정적인 생각들이 머릿속에 가득했다. 친구에게 자신의 상태에 대해 이야기를 하자 친구는 우울증일 수도 있으니 병원을 가보라 권유하였다.

　　승호 씨는 정신과를 방문했다. 그리고 실제로 우울증 진단을 받았다. 우울증 약을 복용하고 주기적으로 상담을 받으면서 힘들었던 증상들이 점차 나아졌다. 하지만 무기력만은 나아지지 않았다. 담당 의사에게 이에 대해 이야기하고 약을 바꿔봤지만 무기력은 쉽게 나아지지 않았다. 승호 씨는 이후로도 한동안 무기력으로 인한 일상 생활의 어려움을 경험해야만 하였다.

○ 우울증의 대표적인 후유증, 무기력

　　우울증은 환자마다 각양각색의 모습을 보인다. 어떤 환자는 감정 조절의 어려움을 호소하고, 어떤 환자는 불안감과 불면을 호소하며 병원을 찾는다. 무기력 또한 우울증 환자들이 흔하게 호소하는 증상으로서 무기력이 동반된 우울증 환자들은 사소한 일에도 많은 힘이 들어가고 일상생활이 버겁다 한다.

　　우울증의 증상 중에는 겉으로 드러나지 않아 다른 사람들이 알기 어려운 증상들이 많다. 우울감이 큰 경우 표정으로 드러나기도 하지만 그렇지 않으면 표정만으로 상대방의 기분을 짐작하기 어렵다. 자살 생각이 있다 해도 환자에게 직접 물어보지 않으면 알 수가 없다.

상대적으로 무기력은 쉽게 관찰되는 우울증의 증상이다. 그래서 우울증 환자의 가족은 환자가 조금이라도 나아지기를 바라며 "운동을 해봐", "친구들을 만나봐", "취미 생활을 해봐"와 같은 조언을 하지만 환자들에게 오히려 상처와 서운함을 준다. 우울증을 앓고 있을 땐 같은 말이나 상황도 부정적으로 해석하기 때문에 이런 조언들이 "네가 운동도 안 하고, 친구도 안 만나고, 취미 생활을 안 하니 우울한 거야"라는 비난으로 들리면서 가뜩이나 낮은 자존감이 더 낮아지고 우울해진다.

무기력은 우울증이 호전된 다음에도 이어져 삶의 질을 떨어뜨린다. 흐로닝언 대학교 연구진 267명의 우울증 환자를 3년간 추적하며 매주 우울증 증상들의 유무를 확인했다. 그 결과 전체 우울증 환자 중에 90%가 무기력감을 경험했고, 기력이 정상이었던 우울증 환자는 10%밖에 되지 않았다고 한다. 우울증이 좋아진 뒤에도 증상들을 확인했을 때 무기력감을 경험하는 환자의 비율은 무려 35%에 달했다. 우울증 환자의 1/3이 우울증에서 회복된 다음에도 무기력감을 경험했던 것이었다.[29]

우울증 치료를 통해 우울증이 좋아진 뒤에도 남아 있는 증상을 '잔류 증상'이라고 한다. 잔류 증상은 의학적으로 중요한데, 잔류 증상이 남아 있는 경우가 그렇지 않은 경우보다 우울증이 재발 확률이 높다. 스페인에서 우울증 환자가 2년 이내에 재발할 확률을 조사했는데, 잔류 증상이 없는 경우에는 15.18%, 잔류 증상이 있는 경우에는 67.61%로 재발 가능성이 4배가 높다고 나타났다.[30] 잔류 증상의 치료가 중요한 이유이다. 또한, 잔류 증상은 삶의 질을 떨어뜨린다. 일상적인 활동에 지장을 줄 뿐 아니라 사회적 관계, 직업적 성과에 부정적인 영향을 미칠 수 있다. 무기력은 우울증이 좋아진 뒤에도 흔하게 남아 있는 증상으로 우울증의 재발 위험을 높이고 오랫동안 삶의 질을 떨어뜨리면서 다양한 영역에서 부정적인 영향을 미칠 수가 있다.

실제로 우울증 환자를 치료하다 보면 우울증이 좋아진 뒤에도 무기력이 계속되어 힘들어하는 환자들을 종종 만난다. 우울한 기분이나 부정적인 사고는 없어졌음에도 활력이 생기지 않고, 쉽게 피곤해지거나 지치는 현상이 반복되어 힘들어한다. 특히 오랫동안 우울증을 경험한 환자들이 잔류 증상으로 무기력이 오랫동안 이어지는 경우가 있다. 무기력은 우울증의 후유증처럼 우울증이 지나간 뒤에도 남아서 환자들을 힘들게 한다.[31]

우울증이 호전된 뒤에도 안정화 기간이 필요하다

우울증이 무기력이라는 후유증을 남기지 않기 위해서는 최대한 빨리 치료를 시작해야 한다. 우울증은 전전두피질의 기능을 감소시키고, 편도체의 과민화를 동반하며, 신경전달물질의 불균형과 신경세포의 손상을 유발한다. 이러한 뇌의 변화는 오랜 시간 이어질수록 뇌가 정상으로 회복하는 데에도 오랜 시간이 걸린다. 무기력은 우울증의 증상이면서 동시에 우울증으로 인한 신경세포와 신경세포 간의 연결 변화로 유발된다. 그렇기 때문에 우울증을 치료하지 않고 방치한 기간이 길수록 우울증은 더 큰 뇌의 변화를 일으키고 회복 또한 더딜 수밖에 없는 것이다.

충분한 치료 기간 또한 중요하다. 뇌가 우울증으로 회복되더라도 안정 상태를 유지하려면 일정 시간이 필요하다. 우울증 증상이 호전되었다고 바로 치료를 멈추는 경우, 우울증이 재발하거나 일부 증상들이 다시 나타날 수 있다. 그러므로 우울증이 호전된 뒤에도 일정 기간 치료를 유지하여, 호전된 상태가 안정화되는 기간을 갖는 것이 필요하다.

마지막으로는 약물치료뿐 아니라 무기력을 호전시키기 위한 다양한 방법의 실천이 필요하다. 무기력은 우울증의 다른 증상들에 비해 약물에 대한 반응이 떨어진다. 그러므로 약물치료 외에도 무기력을 호전시킬 다양한 치료 방법을 병행하는 것이 무기력을 최소화하는 데 필요하다.

과로와 스트레스가 만든 번아웃

―

규현 씨는 중소기업을 다니는 직장인이다. 신입 사원 때부터 묵묵히 자신에게 맡겨진 일을 성실히 수행했다. 상사도 동료들도 규현 씨를 좋아했다. 상사의 지시에 충실히 따랐으며, 상사의 말에 말대꾸하는 법이 없었다. 동료들에게 경쟁의식을 보이지도 않았고 자기 일을 동료에게 떠넘기지도 않았다. 자신이 손해 보는 의견도 수용하는 규현 씨였기에 사람들은 그와 함께 일하고 싶어 했다.

시간이 흘러 규현 씨도 많은 후배 직원들이 생겼다. 규현 씨는 후배 직원들이 하는 일을 봐주면서도 동시에 솔선수범하여 많은 일을 도맡아 했다. 그렇기에 후배 직원들 사이에서도 규현 씨는 존경받는 선배였다.

규현 씨가 종사하는 업계는 야근이 잦았다. 정해진 기일까지 고객사가 원하는 결과물을 완성해야 했는데 시간은 늘 촉박했다. 그러다 보니 모든 팀원이 늦게까지 야근을 하고 주말에도 나와서 일을 하는 경우가 비일비재했다. 이런 업무 환경 때문인지 회사에 들어온 지 얼마 되지 않아서 손사래를 치며 회사를 떠나는 직원이 많았다. 신입 직원을 뽑는 것도 어려웠지만 열심히 가르쳐서 일할 만하면 그만두곤 했다. 일할 사람이 많지 않다 보니 남아 있는 사람들이 더 열심히 일할 수밖에 없었다.

'이번 프로젝트만 끝나면 쉴 수 있겠지'라는 마음으로 하루하루를 버틴 것이 몇 년이 흘렀다. 이제는 야근과 주말 근무가 일상이 되었다. 프로젝트 기한이 명절이나 연휴 이후에 잡혀 있는 경우에는 휴일에도 나와서 일해야 했다. 다른 사람은 때로는 대충 일을 처리하기도 하고, 눈치껏 쉬는 날을 챙기기도 했으나 규현 씨는 아니었다. 여전히 자신에게 주어진 일을 성실하게 처리하기 위하여 늦은 밤이 되어서야 집으로 퇴근하고 휴일에도 가장 먼저 회사에 나오기 일쑤였다.

그러던 어느 날 규현 씨는 아침에 일어나 몸을 가눌 수가 없었다. 몸이 천근만근처럼 느껴졌다. 너무나도 힘들게 몸을 끌고 직장에 나왔으나 머리가 돌아가지 않아 일할 수 없었다. 처음에는 몸이 안 좋아서 일시적으로 그런가 보다 생각했다. 그런데 몇 주가 지나도 여전히 피곤하고 집중이 되지 않았다. 걱정되는 마음에 건강 검진도 했지만 의사에게 건강하다는 소리만 들었다. 규현 씨는 그런 자신이 답답했고 업무를 맡는 것이 두려워졌다. 혹시라도 자신이 실수하지 않을지, 중요한 프로젝트를 망쳐버리지는 않을지 걱정이 되었다.

번아웃과 무기력

번아웃burnout은 만성적인 직무 스트레스가 쌓여 신체적, 정서적, 정신적으로 탈진 상태에 이르는 현상을 지칭한다. 처음 번아웃 개념이 등장한 것은 1974년 하버트 프리든버거Herbert Freudenberger에 의해서다. 그는 번아웃을 의료 및 사회복지 분야 종사자들 사이에서 주로 관찰되는 현상으로 보았고, 과도한 스트레스와 이에 따른 신체적·정서적 고갈 상태, 성취감과 목표를 이루기 위한 노력에도 에너지가 고갈되고 심리적 자원이 소진되는 상태로 설명했다. 이후 여러 연구자에 의해서 정의와 개념이 확장되면서 다양한 직업군과 문화적 배경에서 번아웃이 연구되었다.

2019년, 세계보건기구WHO는 번아웃을 국제질병분류ICD-11에 "직업적 현상"으로 포함하며, 이를 "직장에서의 만성적 스트레스가 적절히 관리되지 못한 결과"로 정의했다. WHO에서는 번아웃의 부정적인 영향을 세 가지 영역으로 설명한다. 첫째는 정서적 고갈이다. 에너지가 고갈되고, 만성적인 피로를 느끼며, 업무에 대한 흥미와 열정이 사라진다. 둘째는 냉소적 태도와 부정적 감정이다. 자신의 직업에 심리적 거리를 두며, 자신의 직업을 부정적으로 느끼거나 회의적으로 바라보게 된다. 셋째는 직무 효능감 감소이다. 자신이 업무를 잘 수행할 수 없다고 느낀다. 성취감이 줄어들고 업무 능력에 대한 자신감이 떨어지고 자신의 역할에 대해 무기력을 느낀다.

이러한 세 가지 영역의 부정적인 영향은 모두 무기력과 밀접한 관계가 있다. 정서적 고갈은 에너지와 동기를 떨어뜨리고 일상생활에서 무기력감으로 이어져 아무것도 하고 싶지 않은 상태로 만든다. 냉소적 태도와 부정적 감정은 자신의 직업 활동에 대한 무기력을 증대시키고, 업무에 대한 의욕을 잃게 만든다. 마지막으로 직무 효능감의 감소는 자신이 업무를 잘 수행할 수 없다는 느낌을 계속 줘 무기력감을 일으키고 결국에는 성취감 상실로 이어진다.

한국은 OECD 국가 중에서도 평균 근로 시간이 긴 편이다. 2023년 기준, 한국의 평균 연간 근로 시간은 1,872시간으로 OECD 평균인 1,742시간보다 길다. 주 52시간 근무제가 도입되었음에도 여전히 많은 직장인이 주말과 휴일에도 일하거나 야근을 한다. 업무 강도 또한 문제이다. 한국의 직장 문화는 빠른 결과와 높은 성과를 중시하는데 이는 직원들에게 큰 압박감을 준다. 실제로 무기력을 호소하며 병원을 방문한 분들의 이야기를 들어보면, 직장에서 장시간의 업무와 과도한 스트레스로 번아웃을 경험하고 있는 경우가 많다.

번아웃 상태에서는 쉬어도 쉬는 것이 아니다

번아웃은 뇌를 어떻게 변화시킬까? 야기엘론스키 대학교 연구진은 번아웃을 경험하고 있는 46명과 번아웃 증상이 없는 정상인 49명을 대상으로 휴식 상태에서 뇌파를 측정하여 번아웃에서 나타나는 특징적인 뇌파 소견이 있는지를 확인했다. 연구 결과, 정상인보다 번아웃 그룹은 눈을 뜬 상태에서 알파파라는 뇌파가 적게 관찰되는 결과를 보였다.[32]

뇌파는 뇌의 전기적 활동을 기록한 것으로 주파수 대역

에 따라 델타파, 세타파, 알파파, 베타파, 감마파로 구분한다. 그리고 각 뇌파는 특정한 정신적 상태나 활동과 관련 있다. 해당 연구에서 감소 소견을 보였던 알파파는 편안하고 이완된 상태에서 증가하며 깨어 있는 동안 눈을 감고 휴식할 때 자주 발생한다. 알파파는 스트레스와 불안을 줄이는 데 도움이 되는 뇌파이기도 하다. 알파파가 증가하면 신체와 마음이 진정돼 스트레스 호르몬인 코르티솔의 분비가 줄어들어 스트레스를 감소시킨다. 번아웃 그룹에서 알파파가 적게 관찰이 되었다는 것은 번아웃 그룹이 휴식 상태에서도 마음이 편하지 않고 긴장된 상태라는 뜻이다. 번아웃 상태에서는 휴식 상태에서도 뇌가 쉬지 못하고 활동하는 것이다. 즉, 쉬어도 쉬는 것이 아닌 상태가 번아웃이다.

장시간 근무와 과도한 스트레스는 뇌를 쉬어도 쉬는 것이 아닌 상태로 만든다. 육체를 오랫동안 사용하면 몸이 지치듯이 뇌를 쉬지 않고 장기간 사용하면 뇌도 지친다. 뇌를 반복적으로 사용할 때 인지 효율이 감소하는 현상을 '정신 피로'라고 한다. 정신 피로 상태에서는 일상적인 작업 수행이 어렵다. 기존에는 손쉽게 하던 일들도 뇌에 부담이 된다. 심지어 휴식조차 뇌가 일처럼 받아들이면서 일과 휴식의 경계가 모호해지고 모든 일상이 뇌에게 스트레스다. 유일하게 뇌가 휴식하는 순간은 잠잘 때뿐이므로 잠드는 순간만을 기다리게 된다.

오랜 시간 장시간 근무를 지속하면서 번아웃에 의한 무기력을 경험하고 있다면 업무 환경을 바꿔야 한다. 많은 사람이 자신의 업무 스타일을 바꾸는 것을 두려워한다. 일의 성취도가 떨어지지 않을지, 나에 대한 평가가 나빠지지 않을지를 걱정한다. 하지만 손에 쥐고 있는 것을 내려놓지 않으면 다른 것을 손에 쥘 수 없다. 인정받고 싶은 욕구를 내려놓아야 번아웃에서 벗어날 수 있다. 갑작스러운 변화가 어렵다면 업무 환경을 조금씩 변화시키자. 정시에 퇴근하는 요일을 정해 무슨 일이 있더라도 퇴근 시간에 맞춰 퇴근하거나 휴가를 내 업무에서 벗어나는 시간을 주기적으로 확보하는 것이 시작일 수 있다. 자신이 감당할 수 있는 업무량과 강도를 찾는다면 오히려 더 효율적으로 일하고 일과 삶의 균형이 생길 수 있을 것이다.

공황 장애와
함께 찾아온 무기력

—

직장인 수연 씨는 회사에서 큰 프로젝트의 책임을 맡아 극심한 스트레스를 받고 있었다. 프로젝트 마감일이 다가올수록 걱정이 커졌고 혹시라도 무슨 일이 생겨 프로젝트가 지연되거나 마감일을 맞추지 못할까 노심초사하고 있었다.

어느 날, 마감일이 얼마 남지 않은 상태에서 수연 씨는 출근하려고 지하철에 몸을 실었다. 지하철은 사람들로 만원이었다. 수연 씨 역시 많은 사람 사이에 끼어 있었고, 다른 사람의 숨소리가 들릴 정도로 밀착되어 있었다. 평소에는 익숙한 상황이었으나 그날따라 지하철 안의 답답한 공기를 견디기 힘들었고 사람들 사이에 끼어 있는 것이 더욱 불편하게 느껴졌다. 땀방울이 이마에 맺히기 시작하면서 숨이 가빠지고 가슴이 답답해졌다. 스트레스와 피로가 한꺼번에 밀려와 잠시라도 편안히 어딘가에 앉고 싶었다. 그러나 지하철은 계속해서 만원 상태였고 앉을 자리는커녕 움직일 틈도 없었다.

가슴이 조여오고 숨이 막히는 느낌이 점점 강해졌다. 눈앞이 흐려지고 심장은 마치 터질 것처럼 빠르게 뛰었다. 몸이 마비된 것처럼 느껴지면서 손발이 차가워지고 식은땀이 흘렀다. 공황 발작이었다. 수연 씨는 당장이라도 쓰러질 것만 같아서 다음 역에 도착하자마자 간신히 문을 빠져나왔다. 벤치에 앉아 눈을 감고 깊게 숨을 들이쉬려고 애썼다. 차츰차츰 호흡이 안정되면서 가슴의 답답함도 조금씩 풀렸다. 몸이 진정된 후에 겨우 몸을 이끌고 집으로 돌아올 수 있었다.

수연 씨는 공황 발작을 겪은 후 무기력한 상태에 빠졌다. 그날의 충격이 워낙 커서 회사에 복귀할 용기가 나지 않았다. 그 뒤로 수연 씨는 집에서 거의 나가지 않았다. 온종일 소파에 누워 텔레비전을 보거나 스마트폰을 만지작거리는 시간이 늘어났다. 좋아했던 취미 활동도 흥미를 잃었고 책 한 권 읽을 여유조차 없었다. 식사도 대충 때우고 간단한 집안일조차 힘들어 미뤘다. 잠이 오지 않아 밤새워 뒤척이기 일쑤였고 아침이 되면 더욱 피곤했다.

친구들이 걱정하며 연락을 해와도 답하지 않았다. 친구들의 위로도 부담스럽게 느껴졌다. 자신이 이렇게 무기력해진 모습을 보여주는 것이 부끄럽기도 했다. 하루는 회사 동료로부터 전화가 왔다. 수연 씨의 건강을 염려하며 프로젝트를 잘 마무리했다고 전했지만 기쁘지 않았다. 오히려 자신이 팀에 피해를 준 것 같아 죄책감이 들었다.

수연 씨는 점점 더 깊은 무기력감에 빠져들었다. 자신이 아무 쓸모 없는 사람이라는 생각이 머릿속을 떠나지 않았다. 미래에 대한 불안과 걱정이 끊임없이 이어졌다.

공황 발작의 공포

공황 발작은 갑작스럽고 극심한 두려움이나 불안감이 몰려오는 현상으로 심장 박동 증가, 호흡 곤란, 어지러움 등의 신체 증상과 죽을 것 같은 두려움 등의 정신 증상을 동반한다. 공황 발작은 이를 경험한 사람에게는 무척 두려운 경험이다. 공황 발작을 경험한 적 없는 사람들은 공황 장애 환자들이 공황 발작을 두려워하는 모습을 이해하기 어려울 수 있다. 하지만 한

번이라도 공황 발작을 경험해본 사람은 그것이 얼마나 불쾌하고 힘든지 알기에 다시는 경험하고 싶지 않아 한다.

일상적인 걱정이나 긴장은 공황 발작의 극심한 두려움과 비교할 수 없다. 일반적인 불안은 대개 관리가 가능하고 일상적인 활동을 지속할 수 있으나 공황 발작은 예기치 않게 찾아오며, 강력하고 압도적인 공포를 동반해 정상적인 기능을 마비시킨다. 고소공포증과 같은 공포증도 공황 발작과 비슷한 신체 반응을 일으킬 수 있다. 그러나 공포증은 특정 요인에 의해 유발되는 반면, 공황발작은 예기치 않게 발생할 수 있어 예측하기 어렵고 더 광범위한 불안을 초래한다.

이 같은 공황 발작을 경험하면 언제 어디서 다시 발작이 일어날지 모른다는 두려움이 생기는데 이를 예기 불안이라고 한다. 공황 장애 환자들은 예기 불안 때문에 공황 발작이 일어날 가능성이 있다고 느끼는 상황이나 장소를 피한다. 탁 트인 야외 공간이나 사람이 없는 한적한 장소를 제외하고는 공황 발작이 일어날 수 있기에 생활 반경이 좁아지고, 사회적 활동이 제한된다.

공황 장애로 인한 무기력과 피로감

공황 장애 환자들은 불안 증상뿐 아니라 무기력과 피로를 흔하게 호소한다. 도쿄 대학교 연구진이 360명의 공황 장애 환자를 대상으로 피로도와 활동량을 평가하고 정상인과 비교한 결과 공황 장애 환자들은 정상인들보다 피로도가 높고 활동량이 적었다.[33]

실제로 공황 장애 환자들은 표면적으로 보이는 불안 증상 때문에도 힘들지만, 공황 장애와 동반된 무기력감으로 더 힘들어하는 경우가 많다. 무기력감으로 직장 생활을 제대로 하기 힘들어하며 해야 하는 공부에 집중하지 못하고 일상적인 집안일을 하는 것에도 어려움을 느낀다. 하지만 무기력감은 공황 장애 환자들이 경험하는 불안 증상보다 표면적으로 잘 드러나지 않기 때문에 환자나 의사가 간과하기 쉽다.

공황 장애는 어떻게 무기력을 유발하는 걸까? 공황 장애 환자들에게 공통으로 관찰되는 뇌의 변화 중 하나는 편도체의 과잉 활성화이다. 편도체는 우리 뇌에서 감시탑의 역할을 한다. 현재 상황이 생존을 위협하는지 재빨리 판단하고 위험하다고 판단하면 몸과 마음에 신호를 보내어 생존의 위협에 효과적으로 대응하게 한다. 공황 발작으로 발생하는 심장 박동 수 증가,

호흡 곤란 등의 다양한 신체 반응은 사실 우리가 위험한 상황에서 빠르게 대응하기 위해 몸이 준비하는 과정이다. 그런데 공황 장애 환자의 뇌에서는 편도체가 위험하지 않은 상황이나 자극에 의해서도 활성화되어 몸과 마음에 신호를 보내는 것이다.[34] 또한, 편도체는 감정-보상 회로에서 중추적인 역할을 하는 부위이기 때문에 공황 장애 환자는 감정-보상 회로 역시 활성화되어 무기력을 쉽게 경험하게 된다.

통제할 수 없다는 스트레스

또한, 공황 장애의 증상을 통제할 수 없다는 점이 학습된 무기력을 유발한다. 우리는 자라면서 자신의 몸을 통제하는 법을 학습하고, 자신의 몸을 스스로 통제할 수 있다는 신념을 가지게 된다. 그런데 공황 발작의 경험은 신체에 대한 통제력을 상실하게 만들어 큰 불안감과 공포감을 유발한다. 이는 무기력감을 강화하고, 일상 속 활동이나 도전을 꺼리게 만들며, 전반적인 삶의 에너지를 떨어뜨리는 요인이 될 수 있다.

그렇기에 공황 장애는 우울증과 마찬가지로 빠른 시기에 적절한 치료가 필요하다. 만약 무기력과 함께 공황 같은 불안 증상을 경험하는 분들이 있다면 정신건강 전문가의 도움을 받기를 권한다. 약물과 상담을 통해 불안 증상을 통제하는 것이 수월해지면 무기력 증상도 점차 좋아질 수 있다.

우울증으로 착각하기 쉬운 갑상선 저하증

지연 씨는 수개월 전부터 극심한 피로를 느끼기 시작했다. 이전과 다르게 직장에서 피곤하다는 느낌을 많이 받았다. 집중력이 떨어져서 업무를 마무리하는 데 이전보다 더 많은 시간이 걸렸다. 휴일에도 무기력하여 대부분 시간을 침대에 누워서 지냈다. 지연 씨는 그런 자신의 모습을 보는 것이 우울했다.

우울감과 무기력뿐 아니라 신체도 변화했다. 몇 개월 전보다 체중이 증가했고, 피부가 이전보다 건조해졌다. 이전에는 열이 많은 편이었는데, 최근에는 에어컨이나 선풍기 바람에 쉽게 오싹함을 느끼고 추위를 견디는 것이 힘들어졌다.

지연 씨는 이전에 우울증을 한 차례 앓은 적이 있었다. 그때 당시에도 무기력과 폭식 증상 때문에 체중이 증가했었는데, 친구 권유로 정신과를 방문하여 우울증 진단을 받았다. 이전에 우울증을 경험할 때와는 조금 다른 부분이 있었지만, 무기력하고 체중이 증가한다는 점이 유사했기에 우울증으로 생각하여 정신과를 예약했다.

정신과 진료를 기다리면서 혹시 간이나 신장의 문제가 생겨서 피곤한 것은 아닌지 확인하기 위해 인근 내과를 방문하여 혈액검사를 받았다. 혈액검사 결과 간 기능이나 신장 기능은 정상이었으나, 갑상선 기능이 떨어져 있는 갑상선 기능 저하증 진단을 받았다.

지연 씨는 갑상선 호르몬을 처방받아 복용하기 시작하면서 점차 기력이 회복되었고, 피부 상태도 좋아지고 체중 증가도 멈추었다. 정신과 진료도 받았지만 갑상선 저하증으로 치료를 시작했고 효과가 있다고 하자 우울증보다는 갑상선 기능 저하증이 원인일 수 있다며 갑상선 호르몬 치료를 지속하며 증상의 변화 여부를 지켜보기로 했다.

무기력의 원인은 갑상선 때문일지 모른다

　무기력을 경험하는 환자에게 단 하나의 검사를 할 수 있다면 나는 주저 없이 갑상선 기능 검사를 고르고 싶다. 갑상선 기능 저하증은 무기력을 흔하게 동반하고, 100명 중 한두 명이 경험할 정도로 흔하며, 혈액검사만으로도 간단하게 확인할 수 있기 때문이다. 갑상선 기능 저하증은 특히 여성에게 흔히 나타나며 여성의 유병률이 남성의 10배이므로 무기력감을 경험하는 여성이라면 검사를 고려해야 한다.

　갑상선 기능 저하증의 가장 흔한 원인은 '하시모토 갑상선염'이라고 불리기도 하는 자가면역 질환이다. 그 외에도 요오드 복용량이 적은 나라의 경우, 요오드 결핍 때문에 갑상선 기능 저하증이 유발되기도 한다.[35] 갑상선 기능 저하증의 무기력은 갑상선 호르몬을 복용하는 것만으로도 쉽게 호전이 될 수 있다.

　갑상선 호르몬은 세포 내 미토콘드리아에서 ATP 생산을 촉진하는 역할을 한다. 갑상선 호르몬이 부족하면 ATP 생산이 감소해 신체의 에너지 수준이 낮아져 무기력감을 유발한다. 이 같은 세포 대사 저하 외에도 갑상선 호르몬의 부족은 뇌에 직접적인 영향을 미치기도 한다. 먼저, 갑상선 호르몬의 부족은 뇌 혈류를 줄어들게 해 뇌로 가는 산소와 영양 공급이 줄어들 수 있다. 실제로 벨기에 연구진은 갑상선암으로 갑상선 절제술을 받은 10명의 환자를 대상으로 갑상선 기능 저하 상태와 정상 상태에서 뇌 혈류의 변화를 확인했다. 그 결과 갑상선 기능 저하 상태에서 뇌 혈류가 23.4% 감소했다. 갑상선 호르몬이 뇌 혈관의 이완과 수축을 조절하는 역할을 하므로 갑상선 호르몬의 부족은 이 같은 뇌 혈류 감소를 유발할 수 있다. 해당 연구에서는 연구 참여자들이 특정 작업을 수행하는 동안 신체의 반응 속도를 함께 측정했는데, 연구 참여자들은 갑상선 기능 저하 상태일 때 반응 속도가 떨어지는 결과를 보였다.[36] 이는 갑상선 호르몬 부족에 의한 뇌 혈류 저하가 행동을 수행하는 능력을 떨어뜨릴 수 있음을 시사한다.

또한, 갑상선 호르몬 부족은 도파민의 생성과 분비를 줄어들게 만든다. 갑상선 호르몬은 도파민의 주요 합성 효소인 타이로신 하이드록실라제의 발현을 조절한다. 갑상선 호르몬이 부족하면 타이로신 하이드록실라제의 발현이 감소하여 도파민 생성이 저하된다. 앞서 살펴본 바와 같이 도파민은 기저핵이 전전두피질을 활성화해 계획된 운동을 수행하게 하는 데 중요한 역할을 하는 신경전달물질이다. 그러므로 갑상선 호르몬의 부족은 도파민의 생성을 줄여서 갑상선 기능 저하증 환자의 무기력을 유발할 수 있다.

부신 피질 호르몬의 부족

갑상선 호르몬 부족 외에도 부신 피질 호르몬 부족은 무기력증을 유발하는 주요 원인 중 하나다. 부신 피질은 코르티솔과 알도스테론이라는 중요한 호르몬을 분비한다. 코르티솔은 스트레스에 대한 반응, 신진대사 조절, 염증 억제에 관여하며, 알도스테론은 체내 나트륨과 칼륨 균형을 맞춰 혈압을 유지하는 역할을 한다. 그런데 부신 피질 손상이나 기능 저하로 이러한 호르몬이 부족해지면 전신 피로, 무기력감, 식욕 부진, 체중 감소, 혈압 저하 등의 증상이 나타난다.

부신 피질 호르몬 부족은 직접적인 부신 손상보다는 뇌하수체 질환이나 장기간 스테로이드 사용 후 갑작스러운 중단으로 인해 발생하는 경우가 많다. 뇌하수체에 종양, 수술, 방사선 치료, 허혈 등의 문제가 생기면 부신 피질 자극 호르몬 분비가 감소하여 부신 피질 기능이 저하되고, 결국 부신 피질 호르몬 부족으로 이어진다.

최근에는 장기간 스테로이드를 사용하다가 갑자기 중단하여 부신 피질 호르몬 부족이 발생하는 사례도 흔하다. 글루코코르티코이드 계열 스테로이드는 코르티솔과 화학 구조가 유사해 몸에서 비슷한 효과를 낸다. 장기간 스테로이드를 사용하면 외부에서 충분한 양의 스테로이드가 공급되므로 뇌하수체는 부신 피질 자극 호르몬 분비를 줄이고, 부신은 자체적으로 코르티솔 생산을 멈추면서 위축된다. 이 상태에서 스테로이드 복용을 갑자기 중단하면 외부 공급은 끊기지만, 위축된 부신은 즉시 충분한 코르티솔을 생산할 수 없어 코르티솔 부족 상태가 되는 것이다. 따라서 장기간 고용량 스테로이드를 복용하는 경우에는 갑자기 중단하지 말고 서서히 감량하는 것이 중요하다.

　　이와 같이 무기력감과 함께 체중이 증가 혹은 감소하고, 추위에 민감해지거나, 혈압이 변화하는 등의 증상이 동반된다면 호르몬의 이상이 원인일 수 있기 때문에 내과 진료를 꼭 받아보길 권한다.

수면의 질이 나쁘면 무력해진다

　승후 씨는 최근에 체중이 증가하면서 피로감을 이전보다 자주 느꼈다. 자고 일어나면 정신을 차리기가 어려웠고 가끔 두통을 느꼈다. 낮에는 계속 졸려 업무에 집중하는 것이 어려웠다. 처음에는 일시적일 줄 알았으나 피로감과 무기력이 이어져 내과를 방문해 검사를 했다. 다른 곳에 이상은 없었으나 고혈압이 발견돼 혈압약 복용을 시작했다.

　승후 씨 아내의 말로는 승후 씨가 이전부터 코골이가 있는 편이긴 했지만 최근에 더 심해진 것 같고, 심지어 자다가 몇 분씩 숨을 멈추고는 큰 소리로 숨을 다시 쉬면서 잠이 드는 모습을 목격했다고 했다. 아내의 말에 승후 씨는 더 정확한 진단을 위해서 수면 클리닉을 방문하여 수면다원검사를 받았다.

　수면다원검사는 밤새 병원에서 진행되었다. 뇌파, 호흡 패턴, 산소포화도, 심전도, 근전도 등을 자는 동안 측정한 결과 승후 씨는 수면 시간 동안 여러 번 호흡 정지를 경험한 것으로 확인되었다. 이로 인해 산소포화도가 여러 차례 떨어졌고, 깊은 수면의 비율이 현저하게 낮아서 전체 수면의 5% 미만으로 줄어들어 있었다.

　수면다원검사 결과를 확인한 의사는 승후 씨에게 체중 감량과 양압기 치료를 권유했다. 양압기 치료는 처음에는 불편했지만, 시간이 지나면서 적응되기 시작했다. 사용 후 몇 주 만에 낮 시간대에 병적으로 많이 졸리는 증상인 '주간 졸음'이 크게 줄어들고 피로와 무기력감이 개선되었다.

˚서파 수면 비율의 감소

　잠을 제대로 자지 못한 날 피곤함을 느끼는 이유는 자는 동안 뇌와 신체의 회복이 일어나지 못했기 때문이다. 깊은 수면 시 뇌파를 측정하면 느린 뇌파가 대부분을 차지하기 때문에 깊은 수면을 서파 수면이라고도 하는데, 서파 수면 단계에는 뇌 활동이 크게 줄어들어 신경 회로의 회복과 연결 강화에 중요한 역할을 하며 뇌척수액 순환을 촉진하여 뇌세포에 축적된 대사 폐기물을 제거한다. 또한, 뇌하수체에서 분비되는 성장 호르몬은 세포 성장, 회복, 근육 강화 등을 돕는다.

전체 수면의 15~20%를 차지하는 서파 수면은 나이가 들수록, 스트레스를 받거나 카페인, 니코틴, 알코올 섭취 등으로 인해서 감소할 수 있다. 특히 알코올은 수면 초반에는 깊은 수면을 유도하지만, 후반부에는 각성을 유발하여 숙면을 방해한다. 수면무호흡증 또한 서파 수면 감소의 원인이 된다. 깊은 수면 시 기도 주변 근육 이완으로 기도가 좁아지거나 막혀 호흡이 중단되면, 뇌는 수면 깊이를 얕게 하거나 잠을 깨워 깊은 수면을 방해한다. 이는 몸과 뇌의 회복을 저해하며, 수면무호흡증 환자들은 과도한 주간 졸림과 무기력을 경험하게 된다.

실제로 미시간 대학교 연구진의 연구 결과, 폐쇄성 수면 무호흡증 환자 중 62%가 무기력을 경험했으며, 이는 주간 졸림보다 높은 비율이었다. 또한, 환자들이 가장 심각한 증상으로 무기력을 꼽은 비율이 주간 졸림보다 높아, 수면무호흡증 환자에게 무기력이 흔하면서 일상생활에 큰 지장을 준다는 것을 알 수 있다.[37]

날이 흐릴수록 더 피로한 이유

　수면무호흡증은 무호흡-저호흡 지수를 기준으로 중증도를 분류한다. 무호흡-저호흡이 시간당 5에서 15회 미만인 경우 경도, 15 이상 30회 미만인 경우 중등도, 30회 이상인 경우 중증으로 나뉜다. 경도의 경우 생활 습관 개선을, 중등도나 중증의 경우 양압기 치료를 고려한다. 수면무호흡증은 비교적 흔하여, 중등도 이상의 수면무호흡증은 일반 인구 6~17%에서 관찰이 된다고 한다. 남성인 경우 또는 고령이거나 BMI가 높을수록 수면무호흡증을 앓고 있을 위험이 크다고 한다.[38]

　날씨가 흐린 날 혹은 비가 오는 날 무기력해지는 경험을 한 적이 있는가? 흐린 날과 기압은 밀접한 관계가 있다. 흐린 날 무기력함을 느끼는 원인으로 저기압으로 인한 산소 공급 감소, 혈압 저하, 햇빛 부족으로 인한 신경전달물질 부족 등이 거론된다. 최근 연구는 흐린 날 피로의 원인이 수면무호흡증일 수 있다는 가능성을 제시했다.

　워싱턴 대학교 연구팀은 수면 장애를 평가하기 위해 수면다원검사를 시행한 537명을 대상으로, 수면다원검사를 받을 당시의 기압과 수면 시 무호흡의 정도를 평가했다. 그 결과 저기압 상태에서 무호흡-저호흡 지수가 유의미하게 증가하는 결과를 확인했다. 연구진들은 기압이 낮을 때, 상기도의 폐쇄가 더 쉽게 발생하기 때문에 수면무호흡증이 악화할 수 있다고 이 결과를 설명했다. 저기압이 수면무호흡증 환자들의 호흡 장애를 악화시킬 수 있으며, 이런 기상 변수의 변화가 수면무호흡의 악화를 통해 수면의 질에 큰 영향을 미칠 수 있음을 시사한다.[39]

    이처럼 다양한 원인이 수면에 영향을 미친다. 날씨까지는 우리가 통제할 수 없더라도 깊은 수면을 방해하는 카페인, 니코인, 알코올 섭취는 최대한 멀리하자. 코골이가 심하거나 수면 중 호흡을 멈추는 것이 관찰된다면 수면 클리닉을 방문하여 수면다원검사를 진행할 것을 권한다.

과도한 운동은
오히려 독이 된다

―

　수영 씨는 마라톤을 준비하는 아마추어 러너이다. 다가오는 마라톤을 위해 매일 아침 일찍 일어나 러닝 연습을 했고 점점 연습 강도를 높여갔다. 어느 날, 수영 씨는 자신감에 차서 평소보다 두 배 이상의 거리를 달렸다. 30km가 넘는 거리를 뛰었고, 러닝을 마칠 때까지 피로를 거의 느끼지 않았다. 러닝을 마친 후 수영 씨는 스스로가 무척 뿌듯하게 느껴졌다.
　그러나 다음 날 아침, 수영 씨는 침대에서 일어나기가 힘들 정도의 심한 무기력과 피로를 느꼈다. 몸이 무겁고, 간단히 움직이는 것조차 어려웠다. 평소라면 쉽게 처리할 수 있는 일상적인 일들도 마치 대단한 일을 하는 것처럼 느껴졌다. 또한, 매일 빠트리지 않던 운동도 도저히 의욕이 생기지 않아 하러 가지 못했다.

수영 씨는 처음에는 단순한 피로라고 생각했다. 하지만 시간이 지날수록 신체적 피로뿐만 아니라 정신적 피로도 강해졌다. 회복을 위해 충분한 휴식을 취했음에도 무기력감은 쉽게 사라지지 않았다. 운동뿐 아니라 일상과 직업 생활에도 영향을 주어서 집은 엉망이 되고, 제대로 일을 처리할 수가 없었다.

이 경험을 통해 그는 과도한 운동은 몸을 건강하게 만들기보다는 몸과 마음을 지치게 할 수 있다는 것을 알게 되었다. 앞으로는 적절한 강도의 운동과 충분한 휴식을 병행하기로 다짐했다.

중추 피로란 무엇인가

운동 후 피로는 근육뿐만 아니라 중추 신경계에서도 발생할 수 있다. 근육의 에너지원 소모와 대사산물 축적은 회복에 수시간에서 이틀 정도가 걸린다. 그러나 체력 한계를 초과하는 운동을 하면 피로가 수일 이상 지속되는데, 이를 '중추 피로'라고 한다. 이는 뇌의 신경전달물질 변화와 관련이 있다. 중추 피로를 이해하기 위해서는 운동에 따라 뇌의 세로토닌과 도파민의 농도가 어떻게 변화하는지 알아야 한다.

먼저, 운동하면 뇌의 세로토닌의 농도가 올라간다. 적당한 정도의 세로토닌 증가는 기분을 안정시키며 불안감을 줄이는데 실제로 규칙적인 운동은 우울과 불안을 줄이는 데 이바지한다.

네덜란드에서는 쌍둥이 레지스트리에 등록된 쌍둥이와 그들의 가족 1만 9,288명을 대상으로 운동과 우울, 불안이 관련이 있는지를 확인했다. 빠르게 걷기 혹은 가벼운 조깅 수준의 중등도 운동을 일주일에 60분 이상 하는 경우를 적당량 이상의 운동을 하는 그룹으로 정의했을 때, 네덜란드 사람의 51.4%가 이에 속했다. 적당량 이상의 운동을 하는 그룹은 그렇지 않은 그룹에 비교해서 덜 불안하고, 덜 우울한 결과를 보였다.[40] 그 외에도 다양한 연구들에서 적정량의 운동이 항우울, 항불안 효과가 있음이 증명되었으며, 그 기전에는 운동을 통한 뇌의 세로토닌 증가가 관여할 것으로 추측되고 있다.

하지만 세로토닌 농도가 과도하게 증가하면 뇌는 안정감을 넘어서 피로감, 무기력감을 느낀다. 세로토닌은 뇌에서 다양한 역할을 하는데, 그중 하나가 특정 영역의 신경세포를 억제하는 것이다. 과도한 운동으로 인해 뇌의 세로토닌 농도가 지나치게 증가하는 경우, 이 같은 억제 기능이 과하게 작용하여, 운동 후에 무기력감이 지속될 수 있다.

운동과 도파민 변화

도파민 또한 운동 때문에 변화하는 신경전달물질 중 하나이다. 운동 시 도파민 변화는 여러 단계로 나타난다. 운동 초반에는 도파민 분비가 증가하여 신체 각성과 동기 부여를 촉진하고 운동 수행 능력을 높이며, 운동의 즐거움을 강화한다. 그러나 운동이 장시간 지속되면 도파민 분비가 점차 감소한다. 도파민은 동기 부여, 보상, 각성 상태와 관련되어 운동 초기의 도파민 분비는 기민함과 에너지를 유지하며 피로감을 억제하지만, 과한 운동으로 도파민이 줄어들면 무기력감이 증가하고 쉽게 피로를 느낄 수 있다.

정리하면 적당량의 운동은 세로토닌과 도파민을 모두 증가시켜 마음의 안정과 의욕을 불러일으키지만, 과한 운동은 세로토닌을 과도하게 높이고 도파민을 감소시켜 세로토닌과 도파민의 비율을 깨뜨려 중추 피로를 유발, 무기력하게 만든다.

그렇다면 중추 피로를 유발하지 않으면서 우리를 건강하게 만드는 적당량의 운동은 어느 정도일까? 이는 개개인의 체력과 건강 상태에 따라 달라지지만, 일반적으로 주 3~5회, 30분에서 1시간 정도의 중등도 운동이 권장된다. 중등도 운동이란 심박 수를 최대 심박 수의 50~70% 수준으로 유지하며 빠르게 걷기나 가벼운 조깅처럼 대화를 나눌 수 있을 정도의 강도를 의미한다. 운동 후 적절한 휴식을 취하고 하루 이틀의 회복 시간을 가지는 것이 중추 피로 예방에 필수적이며, 충분한 수면과 균형 잡힌 영양 섭취 역시 중요하다. 운동 중 신체가 보내는 피로 신호를 주의 깊게 관찰하고, 과도한 피로감이나 무기력감을 느끼면 운동 강도나 빈도를 조절해야 한다.

적당한 운동은 뇌를 건강하게 만든다

적정량의 규칙적인 운동은 세로토닌과 도파민의 증가 외에도 다양한 긍정적인 효과가 많다.

첫째, 뇌유래신경영양인자BDNF의 생성을 촉진하여 뇌세포의 성장과 생존을 지원하고 시냅스 가소성을 높여 기억력과 학습 능력을 향상시킨다.

둘째, 운동은 뇌로 가는 혈류량을 증가시켜 뇌에 산소와 영양소를 더 많이 공급함으로써 뇌의 전반적인 기능을 최적화하고 인지 능력을 증진한다.

셋째, 운동이 시작되면 신체는 심박 수와 호흡을 증가시켜 더 많은 산소를 공급하려고 한다. 이 과정에서 신체는 일시적인 스트레스를 받게 되는데, 이에 대한 반응으로 뇌와 신경계는 엔도르핀을 분비한다. 엔도르핀은 뇌의 수용체에 결합해 통증을 억제하고, 도파민과 같은 다른 기분 조절 물질과 상호작용하여 긍정적인 감정을 강화한다.

넷째, 운동은 해마와 같은 중요한 뇌 영역의 부피를 증가시켜, 특히 나이가 들면서 발생할 수 있는 인지 저하와 기억력 감퇴를 예방하는 역할을 한다.

따라서 자신의 체력 수준을 고려하여 자신에게 맞는 적정량의 운동을 꾸준히 한다면 운동은 뇌를 건강하게 만드는 매우 효과적인 방법이다.

시각적 자극이
피로를 가중한다

―

　현대 사회에서 많은 사람이 하루 대부분을 컴퓨터, 스마트폰, 태블릿 같은 디지털 기기와 함께 보낸다. 이 같은 디지털 기기를 사용하는 시간이 길어질 때, 가장 쉽게 피로해지는 부위가 바로 눈이다. 눈의 피로는 눈 주위의 근육과 조직이 과도하게 긴장하면서 발생하는 불편한 증상으로, 이를 방치하면 일상생활의 효율성이 떨어지고 시력 문제로 이어질 수 있다.

　눈의 피로는 주로 장시간의 화면 주시에서 비롯된다. 컴퓨터나 스마트폰 화면을 오랫동안 바라보면 눈 근육이 계속해서 초점을 맞추기 위해 긴장 상태를 유지한다. 특히 가까운 물체에 초점을 맞추는 내직근이 과부하되면서 피로가 빠르게 쌓인다. 불균형한 조명 환경도 문제를 심화시킨다. 너무 어두운 곳에서 글을 읽거나 지나치게 밝은 빛에 노출되면 눈이 적응하기 위해 더 많은 에너지를 소모한다. 또한 반사광이 심한 환경에서 작업할 때도 눈의 피로가 가중된다.

시력 문제가 교정되지 않은 경우도 눈의 피로를 악화시킨다. 근시, 난시, 원시와 같은 시력 이상이 있는 상태에서 초점을 맞추기 위해 눈 근육이 계속 조절하다 보면 피로가 쌓일 수밖에 없다.

또한 화면을 주시할 때 눈 깜빡임이 줄어들어 안구 표면이 건조해지면서 불편함을 일으킬 수 있다. 글래스고폴리텍 연구진은 평상시와 컴퓨터 화면을 주시하고 있을 때 눈을 깜빡이는 빈도를 측정하여 비교했는데, 컴퓨터 사용 전에는 평균 1분당 18.4번 눈을 깜빡인 데 비하여, 컴퓨터 화면을 주시할 때는 평균 1분당 3.6번 눈을 깜빡였다. 우리가 디지털 화면을 주시하고 있을 때는 눈 깜빡임이 5분의 1로 줄어드는 것이다.[41] 이 같은 눈 깜빡임의 감소는 안구 표면을 건조하게 만들어서 눈을 피로하게 만든다.

디지털 기기 중심의 취미 활동

눈의 피로가 쌓이면 눈 주위가 뻐근하거나 통증이 느껴지고, 초점 흐림이나 이중 시력이 발생할 수 있다. 또한, 이마와 눈 주위에 두통이 생기기도 하며, 눈이 건조해지거나 반대로 눈물이 과도하게 나오는 증상이 나타나기도 한다. 이로 인해 집중력이 저하되고 전반적인 피로감이 커질 수 있다.

현대 사회에서 많은 사람이 스마트폰, 컴퓨터, 태블릿과 같은 디지털 기기를 활용한 취미에 몰두하고 있다. 비디오 게임은 시각적, 인지적 자극을 통해 사용자의 흥미를 끌고, 온라인 멀티플레이 게임과 e스포츠는 새로운 사회적 상호작용의 장을 열어 친구들과 소통, 협업을 가능하게 한다.

게다가 넷플릭스 같은 스트리밍 서비스를 이용한 드라마와 영화 감상은 일상적인 취미로 자리 잡았다. 이러한 시청 활동은 단순한 오락을 넘어 새로운 트렌드를 빠르게 접하는 수단으로도 활용되고 있다. 그러나 몇 시간씩 영화나 드라마를 '몰아보기 binge-watching'하는 행위는 눈의 피로를 굉장히 가중시킨다. 인스타그램, 유튜브, 틱톡과 같은 소셜 미디어 사용 역시 시각에 크게 의존하는 취미이다. 영상과 이미지를 중심으로 한 콘텐츠는 즉각적인 반응과 피드백을 통해 지속적인 흥미를 유발하지만, 장시간 화면 주시는 눈에 부담을 줄 수 있다.

이처럼 디지털 기기 중심의 취미 활동은 편리함과 만족감을 제공하지만, 시각적 자극의 과도한 의존은 눈 건강에 부정적인 영향을 미칠 수 있으며, 이는 결과적으로 피로와 무기력을 유발할 수 있다.

시각 대신 다른 감각을 활용하는 활동들

종일 디지털 기기를 사용하는 일을 한다면 업무 시간 외에는 눈을 사용하지 않거나 눈의 피로를 추가하지 않는 활동을 하길 권한다. 집에 돌아와 스마트폰이나 텔레비전을 시청하는 것은 지친 눈을 더욱 피로하게 만들기 때문에 의도적으로 눈을 쉬게 하고 다른 감각을 활용하는 활동을 찾아야 한다. 다음과 같은 활동들을 함께 살펴보자.

첫 번째, 청각 중심의 활동이다. 오디오북이나 유튜브 강의를 듣는 것은 눈의 피로를 덜어주는 동시에 유익한 정보를 습득할 수 있는 좋은 방법이다. 또한, 좋아하는 음악이나 자연의 소리를 감상하는 것도 감각을 편안하게 해주며 스트레스를 줄이는 데 효과적이다. 이런 활동들은 눈의 사용을 최소화하면서도 정신적인 만족감을 제공한다.

두 번째, 몸을 움직이는 활동이다. 요가나 스트레칭, 산책 같은 신체 활동은 전신의 긴장을 풀고 기분을 상쾌하게 만들어 준다. 특히 야외에서 산책하면 자연을 느끼며 신선한 공기를 마실 수 있어 더욱 효과적이다. 이때 화면을 보지 않고 주변의 환경에 집중하면 눈도 자연스럽게 쉬게 된다.

세 번째, 명상과 호흡 운동이다. 눈을 감고 호흡에 집중하는 명상은 마음의 평온을 찾고 스트레스를 해소하는 데 도움이 된다. 짧은 시간이라도 명상에 집중하면 정신이 맑아지고 긴장이 풀린다. 이런 명상 시간은 눈의 부담을 줄이는 동시에 마음의 안정도 가져다준다.

네 번째, 손을 사용하는 창작 활동도 눈의 피로를 줄이는 좋은 방법이다. 뜨개질, 도자기 만들기, 퍼즐 조립 같은 활동은 시각적 자극 없이도 몰입감을 줄 수 있다. 특히 이런 작업은 눈보다는 손과 머리를 사용하기 때문에 성취감을 느끼면서도 눈에 무리가 가지 않는다.

이처럼 눈의 사용을 줄이면서도 삶에 활력을 불러일으키는 활동들을 일상에 포함하면 눈의 피로를 줄이고 정신적인 여유를 되찾을 수 있다. 작은 습관의 변화가 장기적으로 신체와 마음의 건강을 지키는 데 큰 도움이 될 것이다.

알레르기는
뇌에도 영향을 미친다

―

승훈 씨는 환절기마다 힘들다. 다른 사람들은 따뜻한 봄이 오거나 선선한 가을이 오는 것을 반기지만, 승훈 씨는 계절이 변화할 때마다 찾아오는 무기력 때문에 괴롭기만 하다.

어렸을 적에는 비염으로 많은 고생을 했다. 봄과 가을이 되면 그의 코는 항상 막혀 있었고, 재채기와 콧물이 끊이지 않았다. 아침에 일어나면 코가 막혀 숨 쉬기조차 어려웠고, 밤에는 제대로 잠을 이루지 못해 피로가 쌓이기 일쑤였다. 학교생활에도 비염은 큰 영향을 미쳤다. 수업 중간중간에 멈추지 않는 재채기 때문에 집중하기 어려웠고, 친구들과의 활동에서도 항상 마스크를 착용해야 했다. 특히 운동할 때 숨이 차서 고통스러웠고, 이는 승훈 씨에게 큰 스트레스로 다가왔다. 그는 그저 계절이 지나가기를 기다릴 수밖에 없었다.

다행히 성인이 되자 비염 증상은 완화돼 비염으로 인한 불편감이 줄어들었다. 그러나 여전히 알레르기성 결막염 때문에 힘들었다. 특히 꽃가루가 날리는 봄철이나 미세먼지가 많은 가을, 건조한 겨울철에 그 증상이 두드러지게 나타났다. 알레르기성 결막염 증상이 나타날 때면, 눈이 가렵고, 붉게 충혈되며, 심할 경우 눈물이 자주 흐르고 심한 이물감을 동반하는 등 일상생활에 불편을 주었다. 이로 인해 책을 보거나 컴퓨터 작업을 오래 하는 것도 어려워졌다.

알레르기성 결막염 증상이 나타날 때면 신체적으로 불편할 뿐만 아니라 정신적으로도 무기력함을 느끼곤 했다. 평소에 활기차고 적극적으로 일상생활을 이어나갔다면, 알레르기 증상이 나타나면, 온종일 졸리고 피곤하고 해야 할 일에 집중할 수가 없었다. 특히, 승훈 씨가 가장 좋아하는 활동인 독서나 컴퓨터 작업을 할 때 눈이 자꾸 가려워 집중할 수 없는 상태가 되면 그는 자연스럽게 무기력해졌다. 눈을 자꾸 비비게 되면서 증상이 더욱 악화되고, 이로 인해 시야가 흐려지거나 눈물이 흐르면서 눈을 뜨고 있는 것 자체가 고통스러웠다. 이처럼 눈의 불편함이 계속되면 일상적인 일이나 업무에서도 효율이 떨어지기 때문에 승훈 씨는 자주 좌절감을 느꼈다.

알레르기 반응의 나비효과

면역 시스템은 우리 몸에 해가 되는 세균이나 바이러스로부터 우리 몸을 지켜준다. 하지만 이러한 면역 시스템이 위험하지 않은 요인들에 반응하여 작동할 때가 있는데 그것이 알레르기 반응이다. 알레르기 반응은 인체에 크게 유해하지 않은 꽃가루나 음식 등에 의해 유발되며, 우리 몸에 다양한 반응을 일으킨다. 대표적인 알레르기 반응 중 하나는 히스타민과 같은 화학물질이 면역 세포에 의해 방출이 되는 것이다. 이러한 물질들은 알레르기 증상을 일으키는데, 알레르기성 비염에서는 콧물, 재채기, 코막힘 증상이 나타나고 두드러기에서는 피부 발진이 생긴다.

알레르기 반응은 신체뿐 아니라 뇌에 영향을 미쳐 무기력감을 유발할 수 있다. 우리 몸은 뇌를 다양한 독성 물질과 세균과 바이러스에 의한 감염으로 보호하기 위해서 '혈관-뇌 장벽'이라는 독특한 보호 시스템을 가지고 있다. 혈관-뇌 장벽은 혈액이 바로 뇌로 가는 것을 막고, 필요한 물질들만 혈관으로부터 선별적으로 받아들이게 한다. 이와 같은 혈관-뇌 장벽이 망가지거나 문제가 생기는 경우 뇌는 위험에 노출이 될 수 있다. 그런데 알레르기 반응으로 준비된 히스타민은 이 혈관-뇌 장벽을 약하게 만듦으로써 뇌의 부정적인 영향을 미치게 된다.

알레르기 반응은 유해하지 않은 물질에 의해 몸에 일어나는 일종의 염증 반응으로 다양한 화학물질이 만들어지게 된다. 히스타민에 의해 혈관-뇌 장벽이 약해지면 이 같은 화학물질들이 뇌에 들어가 신경 염증을 유발할 수 있다. 염증은 기본적으로 몸에 해로운 것들로부터 몸을 보호하는 반응으로, 뇌 역시 면역 반응의 목적으로 염증 반응이 일어날 수 있다. 염증 물질이 약화된 혈관-뇌 장벽을 통해 뇌로 들어오면 뇌에서 염증을 유발하고 이는 신경세포를 다치게 할 수 있다. 또한, 뇌로 들어온 염증 물질은 신경전달물질의 분비와 재흡수에 영향을 미쳐 다양한 증상을 유발하며 세로토닌, 도파민, 글루타메이트 등의 신경전달물질의 분비를 억제하거나 과도한 분비를 유발할 수 있다.

앞서 살펴본 것처럼 신경전달물질은 적절히 분비되고 흡수되면서 그 기능을 수행한다. 그러나 이러한 신경전달물질의 균형이 깨지면, 우울감, 불안감을 경험할 수 있고, 의욕이 없고 무기력해지거나 때로는 과도하게 흥분할 수도 있다. 알레르기 반응에 의한 혈관-뇌 장벽의 약화는 염증 물질에 의한 신경전달물질의 균형을 깨 이처럼 다양한 증상을 유발할 수 있다.

알레르기 반응으로 무기력이 생기는 경우

만약 특정 시기나 환경에서 반복적으로 무기력을 경험한다면, 알레르기와의 연관성을 고려해볼 필요가 있다.

첫째, 특정 계절에 주기적으로 무기력해지는 경우이다. 봄에는 나무 꽃가루가 흔히 알레르기 반응을 유발한다. 봄이 되면 나무들이 꽃을 피우기 시작하면서 대기 중에 많은 양의 꽃가루가 퍼진다. 자작나무, 참나무, 소나무 등의 꽃가루가 알레르기 반응의 흔한 원인이 될 수 있다. 가을에는 잡초 꽃가루가 알레르기 반응을 유발할 수 있다. 특히 돼지풀, 쑥, 개밀 등의 꽃가루가 가을에 많이 날린다. 또한 낙엽이 쌓이면서 곰팡이 발생도 늘어난다. 겨울에는 오히려 실내에 있는 물질이 알레르기를 쉽게 유발할 수 있다. 날씨가 추워지면서 환기를 덜 하게 되고 집먼지진드기와 같은 실내 주거 환경에 존재하는 물질들이 알레르기 반응을 유발할 수 있다. 물론 계절에 따라 변화하는 온도,

습도 등도 우리에게 다양한 영향을 미칠 수 있지만, 알레르기 반응 또한 무기력의 원인으로 고려가 필요하다.

둘째, 어렸을 적에 알레르기 질환을 앓았던 경우이다. 앞서 승훈 씨의 경우, 어릴 적 알레르기 비염을 심하게 앓았었다. 이처럼 어린 시절 알레르기 질환을 경험한 사람들은 성인이 되어서도 알레르기 반응이 쉽게 일어날 가능성이 크다는 연구 결과가 많다. 이는 흔히 '알레르기 행진allergic march'으로 불리는 현상과 연관이 있다. 알레르기 행진은 유아기나 어린 시절에 시작된 알레르기 질환이 성장하면서 형태를 바꾸거나 다양한 방식으로 나타나는 것을 말한다. 이처럼 어릴 적에 알레르기 질환을 경험했던 경우, 알레르기 반응이 무기력과 연관이 있지는 않은지 고민이 필요하다.

셋째, 알레르기 질환의 가족력이 있는 경우이다. 알레르기 질환에 가족력이 있는 경우, 알레르기 반응이 발생할 가능성이 더 크다. 이는 유전적 소인이 알레르기 발생에 중요한 역할을 하기 때문이다. 알레르기 반응은 유전적으로 결정된 면역 반응의 패턴이 중요한 역할을 한다. 예를 들어, 부모 중 한 사람이 알레르기를 가지고 있으면 자녀가 알레르기를 가질 확률은 약 30~50%로 증가하며, 부모 양쪽이 모두 알레르기를 가지고 있는 경우 이 확률은 60~80%까지 높아질 수 있다.

건강한 몸에
건강한 정신이 깃든다

―

 전공의 시절 있었던 일이다. 전공의들에게는 교수님들의 외래를 참관할 기회가 주어진다. 하루는 병원에서 제법 유명하신 정신과 교수님 외래를 참관했다. 워낙 환자들이 많아 한 사람마다 진료할 수 있는 시간이 많지 않음에도 교수님께서는 환자들에게 운동을 하고 있는지 물어보고 운동하지 않는다고 하면 꼭 운동할 것을 권유했다. 당시 내가 느꼈던 솔직한 마음은 실망감이었다. 환자들의 마음을 단번에 변화시킬 수 있는 묘책이 있지 않을까 기대했는데 고작 운동이라니? 바쁜 외래 시간 중 일부를 할애하여 누구나 할 수 있는 말을 한다는 것이 당시에는 조금 실망스러웠다.

그런데 뇌를 공부하고 진료 경험이 쌓일수록 운동을 하는 것, 즉 신체 건강을 관리하는 것이 정신건강에 무척이나 중요하다는 것을 깨달았다.

몸은 태어나서 가장 적응해야 하는 환경이다

우리 뇌는 다양하고 복잡한 기능들을 효과적으로 수행하는 기관이다. 그런데 한편으로, 뇌는 독립적으로는 아무 기능도 수행할 수가 없다. 눈이 없이는 아무것도 볼 수 없으며, 귀가 없이는 아무것도 들을 수 없다. 손이 없이는 무엇을 만질 수도 없고 간단한 물건을 들어 올릴 수도 없으며, 다리가 없으면 가까운 장소로도 이동하는 것이 어렵다. 결국, 우리 뇌는 몸을 통해서만 무언가를 할 수 있다.

뇌는 몸을 통해서만 그 기능을 수행할 수 있기에 몸은 뇌를 둘러싸고 있는 일차적인 환경이 된다. 환경은 유기체가 상호작용하는 모든 요소를 말한다. 예를 들어, 동물에게 환경은 서식지, 먹이, 포식자, 기후 조건을 의미하며, 인간에게는 사회적 관계, 문화, 경제적 여건까지 포함된다. 뇌는 몸에 영향을 미치고, 몸은 뇌에 영향을 미치는 등 서로 끊임없이 상호작용을 한다. 그러므로 뇌과학적 관점에서 보면 몸은 우리 뇌에 가장 큰 영향을 주는 환경이다.

실제로 갓난아이가 가장 먼저 관심을 가지고 상호작용을 하는 대상은 자신의 몸이다. 아기는 외부 세계를 인식하기 전에 자신의 손과 발, 입과 같은 신체 부위에 집중하고, 그것들을 움직이며 경험한다. 손가락을 빨거나, 발을 쥐고 흔드는 행동은 단순히 본능적인 반사가 아니라, 자신의 몸에 대한 탐색과 학습의 과정이다. 이때 아기는 감각 자극을 통해 신경 연결을 확장하고, 이러한 자기 탐색은 뇌의 발달에 결정적인 역할을 한다. 대부분의 성인은 이제는 너무 익숙해져서 몸을 자신의 일부라고 당연히 여기지만, 모든 사람에게 몸은 태어나서 가장 먼저 적응해야 하는 환경이었다.

건강한 몸에서 건강한 정신이 깃든다

우리는 이번 장에서 무기력을 유발하는 몇 가지 질환들을 살펴보았다. 앞서 언급한 질환뿐 아니라 다양한 건강의 문제들은 우리를 무기력하게 만들 수 있다. 그러므로 무기력으로부터 자유로워지고 싶다면, 정신적 건강뿐 아니라 육체적 건강을 잘 관리하여야 한다. 하지만 어떤 분들은 우울, 불안, 무기력 등의 증상들을 정신적인 측면에서만 바라보고 해결하려 한다. 실제로 내가 그랬다.

정신과 전공의 시절, 뇌과학과 정신의학은 나에게는 무척 매력적이었다. 새로 배운 지식을 활용해 환자들을 치료할 뿐 아니라 나의 삶 또한 긍정적으로 변화시킬 수 있으리라 확신했다. 전공 서적을 읽고, 정신 분석을 공부하며, 세상을 인식하는 방법과 관점을 변화시키려 노력했다. 하지만 신체 건강은 잘 챙기지 않았다. 늦게 자고 새벽 일찍 일어나곤 했고, 출퇴근과 병원 안에서 걷는 것이 활동의 전부였다. 대충 끼니를 때우기 일쑤였고, 운동은 시간 낭비로 여겼다. 정신적으로는 건강했을지 모르지만 신체적으로는 전혀 건강하지 않았다.

이러한 생활이 수년간 지속되자 이곳저곳 아픈 곳이 생겼다. 허리 통증으로 오랫동안 앉아 있기 힘들고, 자주 아팠다. 한 번은 한쪽 눈이 퉁퉁 부어 눈을 뜰 수 없었는데, 급하게 응급실을 방문하여 검사를 해보니 특발성 안와염이라는 면역 시스템의 문제 때문에 생긴 질환이었다. 이로 인해 오랫동안 고용량의 스테로이드를 복용하고서야 증상이 나아져 정상적으로 활동할 수 있었다.

몸의 문제들은 정신에도 영향을 주었다. 주의력과 기억력이 떨어져 해야 할 일에 집중하는 것이 어려웠다. 해야 할 일을 미룰 때가 많아졌고, 하는 일들이 버겁게 느껴졌다. 뇌의 집행 기능 회로의 기능이 떨어지고, 감정-보상 회로가 활성화되었다. 신체 건강이 뇌에 큰 영향을 미친다는 사실을 간과했기 때문에 일어난 일이었다. 지금은 뒤늦게 문제를 인식하고 신체 건강을 지키기 위해 다양한 노력을 하고 있다. 그 덕분에 만성적인 허리 통증이 사라지고 1년 중 아픈 날을 손에 꼽는다. 무엇보다 기쁜 것은 무기력을 경험하는 경우가 눈에 띄게 줄었고 주의력도 향상이 되었다. 이전보다 훨씬 나은 정신 상태로 환자도 보면서 남는 시간에 글도 쓸 수 있게 되었다.

이 책은 무기력을 뇌과학적 관점에서 바라보고 해결책을 찾아보고자 했다. 그러다 보니 신체 건강이 무기력에 미치는 영향에 관한 내용이 많지 않은 것이 사실이다. 그렇다고 정신건강을 관리하는 것이 신체 건강을 유지하는 것보다 중요하다는 말은 아니다. 정신과 신체는 앞서 말한 바와 서로 영향을 받으며 밀접하게 관련되어 있다. 그러므로 정신건강을 관리하는 것만큼 신체 건강을 잘 관리하는 것이 중요함을 마지막으로 강조하고 싶다.

최근에는 단순히 운동만 도와주는 것이 아니라 식단 및

전반적인 건강 관리를 도와주는 프로그램과 전문가들이 많이 있다. 혼자서 건강 관리가 잘되지 않는 분들은 이런 프로그램과 전문가의 도움을 받는 것도 권하고 싶다. 정신과 신체가 조화롭게 건강하다면 무기력은 여러분의 삶을 방해하지 않을 것이다.

참고문헌

1. Rilling, J. K., & Insel, T. R. (1999). The primate neocortex in comparative perspective using magnetic resonance imaging. Journal of human evolution, 37(2), 191-223.

2. Sagaspe, P., Schwartz, S., & Vuilleumier, P. (2011). Fear and stop: a role for the amygdala in motor inhibition by emotional signals. Neuroimage, 55(4), 1825-1835.

3. Iidaka, T., Matsumoto, A., Ozaki, N., Suzuki, T., Iwata, N., Yamamoto, Y., ... & Sadato, N. (2006). Volume of left amygdala subregion predicted temperamental trait of harm avoidance in female young subjects. A voxel-based morphometry study. Brain research, 1125(1), 85-93.

4. Barrós-Loscertales, A., Meseguer, V., Sanjuán, A., Belloch, V., Parcet, M. A., Torrubia, R., & Ávila, C. (2006). Behavioral inhibition system activity is associated with increased amygdala and hippocampal gray matter volume: a voxel-based morphometry study. Neuroimage, 33(3), 1011-1015.

5. Vyas, A., Mitra, R., Shankaranarayana Rao, B. S., & Chattarji, S. (2002). Chronic stress induces contrasting patterns of dendritic remodeling in hippocampal and amygdaloid neurons. The Journal of neuroscience : the official journal of the Society for Neuroscience, 22(15), 6810–6818.

6. Seligman, M. E. (1972). Learned helplessness. Annual review of medicine, 23(1), 407-412.

7. Amat, J., Baratta, M. V., Paul, E., Bland, S. T., Watkins, L. R., & Maier, S. F. (2005). Medial prefrontal cortex determines how stressor controllability affects behavior and dorsal raphe nucleus. Nature neuroscience, 8(3), 365-371.

8. Ivcevic, Z., & Brackett, M. (2014). Predicting school success: Comparing conscientiousness, grit, and emotion regulation ability. Journal of research in personality, 52, 29-36.

9. Messina, I., Grecucci, A., & Viviani, R. (2021). Neurobiological models of emotion regulation: A meta-analysis of neuroimaging studies of acceptance as an emotion regulation strategy. Social Cognitive and Affective Neuroscience, 16(3), 257-267.

10. De Martino, B., Camerer, C. F., & Adolphs, R. (2010). Amygdala damage eliminates monetary loss aversion. Proceedings of the National Academy of Sciences, 107(8), 3788-3792.

11. Flett, G. L., Blankstein, K. R., Hewitt, P. L., & Koledin, S. (1992). Components of perfectionism and procrastination in college students. Social Behavior and Personality: an international journal, 20(2), 85-94.

12. Lissak, S., Ophir, Y., Tikochinski, R., Brunstein Klomek, A., Sisso, I., Fruchter, E., & Reichart, R. (2024). Bored to death: Artificial Intelligence research reveals the role of boredom in suicide behavior. Frontiers in Psychiatry, 15, 1328122.

13. Vanderlinden, J., Dalle Grave, R., Vandereycken, W., & Noorduin, C. (2001). Which factors do provoke binge-eating? An exploratory study in female students. Eating Behaviors, 2(1), 79-83.

14. de Vries, J., Byrne, M., & Kehoe, E. (2015). Cognitive dissonance induction in everyday life: An fMRI study. Social Neuroscience, 10(3), 268-281.

15. Wood, W., Quinn, J. M., & Kashy, D. A. (2002). Habits in everyday life: thought, emotion, and action. Journal of personality and social psychology, 83(6), 1281.

16. Seger, C. A., & Spiering, B. J. (2011). A critical review of habit learning and the basal ganglia. Frontiers in systems neuroscience, 5, 66.

17. Asmus, F., Huber, H., Gasser, T., & Schöls, L. (2008). Kick and rush: paradoxical kinesia in Parkinson disease. Neurology, 71(9), 695.

18. Bespalov, A. Y., Harich, S., Jongen-Rêlo, A. L., van Gaalen, M. M., & Gross, G. (2007). AMPA receptor antagonists reverse effects of extended habit training on signaled food approach responding in rats. Psychopharmacology, 195(1), 11–18.

19. Volkow, N. D., Wang, G. J., Fowler, J. S., Tomasi, D., & Telang, F. (2011). Addiction: beyond dopamine reward circuitry. Proceedings of the National Academy of Sciences, 108(37), 15037-15042.

20 Xu, S., Liu, Y., Li, Y., Deng, Y., Huang, Y., Yuan, J., ... & Fu, D. (2015). Longitudinal changes of dopamine transporters in heroin users during abstinence. Psychopharmacology, 232, 3391-3401.

21 Lin, Y. H., Lin, Y. C., Lee, Y. H., Lin, P. H., Lin, S. H., Chang, L. R., ... & Kuo, T. B. (2015). Time distortion associated with smartphone addiction: Identifying smartphone addiction via a mobile application (App). Journal of psychiatric research, 65, 139-145.

22 Tice, D. M., & Baumeister, R. F. (1997). Longitudinal study of procrastination, performance, stress, and health: The costs and benefits of dawdling. Psychological science, 8(6), 454-458.

23 Hare, T. A., Camerer, C. F., & Rangel, A. (2009). Self-control in decision-making involves modulation of the vmPFC valuation system. Science (New York, N.Y.), 324(5927), 646–648.

24 Danziger, S., Levav, J., & Avnaim-Pesso, L. (2011). Extraneous factors in judicial decisions. Proceedings of the National Academy of Sciences, 108(17), 6889-6892.

25 Schnall, S., Harber, K. D., Stefanucci, J. K., & Proffitt, D. R. (2008). Social Support and the Perception of Geographical Slant. Journal of experimental social psychology, 44(5), 1246–1255.

26 Goh, G. H., Maloney, S. K., Mark, P. J., & Blache, D. (2019). Episodic ultradian events—ultradian rhythms. Biology, 8(1), 15.

27 Shannahoff-Khalsa, D. (1993). The ultradian rhythm of alternating cerebral hemispheric activity. International journal of neuroscience, 70(3-4), 285-298.

28 Kozak, M. N., Roberts, T. A., & Patterson, K. E. (2014). She stoops to conquer? How posture interacts with self-objectification and status to impact women's affect and performance. Psychology of Women Quarterly, 38(3), 414-424.

29 Conradi, H. J., Ormel, J., & De Jonge, P. (2011). Presence of individual (residual) symptoms during depressive episodes and periods of remission: a 3-year prospective study. Psychological medicine, 41(6), 1165-1174.

30 Pintor, L., Gastó, C., Navarro, V., Torres, X., & Fañanas, L. (2003). Relapse of major depression after complete and partial remission during a 2-year follow-up. Journal of affective disorders, 73(3), 237–244.

31 Fava, M., Ball, S., Nelson, J. C., Sparks, J., Konechnik, T., Classi, P., ... & Thase, M. E. (2014). Clinical relevance of fatigue as a residual symptom in major depressive disorder. Depression and anxiety, 31(3), 250-257.

32 Golonka, K., Gawlowska, M., Mojsa-Kaja, J., & Marek, T. (2019). Psychophysiological Characteristics of Burnout Syndrome: Resting - State EEG Analysis. BioMed research international, 2019(1), 3764354.

33 Kaiya, H., Sugaya, N., Iwasa, R., & Tochigi, M. (2008). Characteristics of fatigue in panic disorder patients. Psychiatry and clinical neurosciences, 62(2), 234-237.

34 Kim, J. E., Dager, S. R., & Lyoo, I. K. (2012). The role of the amygdala in the pathophysiology of panic disorder: evidence from neuroimaging studies. Biology of mood & anxiety disorders, 2, 1-17.

35 Taylor, P. N., Albrecht, D., Scholz, A., Gutierrez-Buey, G., Lazarus, J. H., Dayan, C. M., & Okosieme, O. E. (2018). Global epidemiology of hyperthyroidism and hypothyroidism. Nature Reviews Endocrinology, 14(5), 301-316.

36 Constant, E. L., De Volder, A. G., Ivanoiu, A., Bol, A., Labar, D., Seghers, A., ... & Daumerie, C. (2001). Cerebral blood flow and glucose metabolism in hypothyroidism: a positron emission tomography study. The Journal of Clinical Endocrinology & Metabolism, 86(8), 3864-3870.

37 Chervin, R. D. (2000). Sleepiness, fatigue, tiredness, and lack of energy in obstructive sleep apnea. Chest, 118(2), 372-379
Senaratna, C. V., Perret, J. L., Lodge, C. J., Lowe, A. J., Campbell, B. E.,

38 Matheson, M. C., ... & Dharmage, S. C. (2017). Prevalence of obstructive sleep apnea in the general population: a systematic review. Sleep medicine reviews, 34, 70-81.

39 Doherty, M. J., Youn, C. E., Haltiner, A. M., & Watson, N. F. (2010). Do weather-related ambient atmospheric-pressure changes influence sleep disordered breathing?. Journal of Clinical Sleep Medicine, 6(2), 152-156.

40 De Moor, M. H., Beem, A. L., Stubbe, J. H., Boomsma, D. I., & De Geus, E. J. (2006). Regular exercise, anxiety, depression and personality: a population-based study. Preventive medicine, 42(4), 273-279.

41 Patel, S., Henderson, R., Bradley, L., Galloway, B., & Hunter, L. (1991). Effect of visual display unit use on blink rate and tear stability. Optom Vis Sci, 68(11), 888-892.

나는 왜 아무것도 하기 싫을까

초판 1쇄 발행 2025년 5월 14일
초판 5쇄 발행 2025년 9월 5일

지은이 배종빈
펴낸이 김선준

편집이사 서선행
책임편집 이주영 **편집1팀** 김송은, 천혜진
디자인 김세민
마케팅팀 권두리, 이진규, 신동빈
홍보팀 조아란, 장태수, 이은정, 권희, 박미정, 조문정, 이건희, 박지훈, 송수연, 김수빈
경영관리팀 송현주, 윤이경, 임해랑, 정수연

펴낸곳 ㈜콘텐츠그룹 포레스트 **출판등록** 2021년 4월 16일 제2021-000079호
주소 서울시 영등포구 여의대로 108 파크원타워1, 28층
전화 02)332-5855 **팩스** 070)4170-4865
홈페이지 www.forestbooks.co.kr
종이 ㈜월드페이퍼 **출력·인쇄·후가공·제본** 한영문화사

ISBN 979-11-94530-37-4 (03180)

- 책값은 뒤표지에 있습니다.
- 파본은 구입하신 서점에서 교환해드립니다.
- 이 책은 저작권법에 의하여 보호를 받는 저작물이므로 무단 전재와 복제를 금합니다.

㈜콘텐츠그룹 포레스트는 독자 여러분의 책에 관한 아이디어와 원고 투고를 기다리고 있습니다. 책 출간을 원하시는 분은 이메일 writer@forestbooks.co.kr로 간단한 개요와 취지, 연락처 등을 보내주세요. '독자의 꿈이 이뤄지는 숲, 포레스트'에서 작가의 꿈을 이루세요.